Literatura na escola

Conselho Acadêmico
Ataliba Teixeira de Castilho
Carlos Eduardo Lins da Silva
Carlos Fico
Jaime Cordeiro
José Luiz Fiorin
Magda Soares
Tania Regina de Luca

Leitores Críticos da Obra
Adriana Gonçalves da Silva (UEMG)
Cynthia Agra de Brito Neves (Unicamp)
Danuse Pereira Vieira (UFF)
Marcos Vinícius Scheffel (UFRJ)
Paula Tatianne Carréra Szundy (UFRJ)
Raquel Cristina de Souza e Souza (Colégio Pedro II)
Rodrigo Corrêa Martins Machado (UFOP)
Talita de Oliveira (Cefet-Rio)

Proibida a reprodução total ou parcial em qualquer mídia
sem a autorização escrita da editora.
Os infratores estão sujeitos às penas da lei.

A Editora não é responsável pelo conteúdo deste livro.
Os Autores conhecem os fatos narrados, pelos quais são responsáveis,
assim como se responsabilizam pelos juízos emitidos.

Consulte nosso catálogo completo e últimos lançamentos em www.editoracontexto.com.br.

Marcel Alvaro de Amorim
Diego Domingues
Débora Ventura Klayn
Tiago Cavalcante da Silva

Literatura na escola

Copyright © 2022 Marcel Alvaro de Amorim

Todos os direitos desta edição reservados à
Editora Contexto (Editora Pinsky Ltda.)

Foto de capa
Michał Parzuchowski/Unsplash

Montagem de capa e diagramação
Gustavo S. Vilas Boas

Preparação de textos
Lilian Aquino

Revisão
Tomoe Moroizumi

Dados Internacionais de Catalogação na Publicação (CIP)

Literatura na escola / Marcel Alvaro de Amorim...[et al]. –
São Paulo : Contexto, 2022.
160 p.

Bibliografia
ISBN 978-65-5541-124-9

1. Literatura - Estudo e ensino I. Amorim, Marcel Alvaro de

22-1228 CDD 808.07

Angélica Ilacqua – Bibliotecária – CRB-8/7057

Índice para catálogo sistemático:
1. Literatura – Estudo e ensino

2022

EDITORA CONTEXTO
Diretor editorial: *Jaime Pinsky*

Rua Dr. José Elias, 520 – Alto da Lapa
05083-030 – São Paulo – SP
PABX: (11) 3832 5838
contexto@editoracontexto.com.br
www.editoracontexto.com.br

Sumário

Apresentação 7

Ensino de literaturas: como é e para quê? 11
A leitura literária e sua prática na escola 39
A questão dos letramentos e dos letramentos literários 75
Reexistências e propostas para práticas
   de letramentos literários na escola hoje 101
Considerações finais 141

Para saber mais... 145
Bibliografia 153

Os autores 157

Apresentação

Ensinar literatura pode ser e é um ato de reexistência na escola contemporânea.
Cynthia Agra de Brito Neves (IEL/Unicamp)

Ao ser convidada para escrever a apresentação deste livro fui logo provocada pelo título *Literatura na escola*. Pensei em se tratar de mais uma obra que alardeia a crise no ensino de literatura e propõe didáticas que dificilmente emplacam nas escolas. Ledo engano. O livro, escrito por Marcel Alvaro de Amorim, Diego Domingues, Débora Ventura Klayn Nascimento e Tiago Cavalcante da Silva, atualiza as discussões teóricas em torno do ensinar e do aprender literatura, retomando conceitos importantes da área para os (re)definir, ampliando-os e explicando-os para os estudiosos das Letras, Linguística Aplicada e Educação. Ousado e inovador, o livro propõe ainda atividades concretas de práticas de letramentos literários de reexistência na escola, reinventado, ética e esteticamente, a literatura, o educador, o educando, a educação literária e libertadora, por excelência.

O primeiro capítulo desmi(s)tifica, de pronto, a ideia de que ler literatura é um ato *démodé*, e critica como tem se configurado o ensino, historiográfico e beletrista, de literatura nas escolas: estudo cronológico de autores e obras canônicas de séculos passados encaixotados em movimentos literários. Ao contrário, a literatura é viva e onipresente, por isso *ela é e pode ser* – como nos versos de Arnaldo Antunes – estudada na escola contemporânea sob a ênfase em três aspectos: sócio-histórico-cultural, artístico e linguístico – defendem os autores. E há condições para tudo isso, otimizam, quando sugerem, por exemplo, a interleitura literária de *O cortiço,* de Aluísio Azevedo,

Quarto de despejo, de Carolina de Jesus, e *Cidade de Deus,* de Paulo Lins: uma espécie de aperitivo antes de tantas outras sugestões didáticas propostas ao longo de todo livro, principalmente no seu capítulo final.

Já o segundo capítulo nos convida para um passeio pelos documentos oficiais que regem o ensino de língua portuguesa e literaturas na educação básica, em busca do que os Parâmetros Curriculares Nacionais, as Orientações Curriculares Nacionais e a Base Nacional Comum Curricular (não) dizem sobre literatura, leitura, leitura literária, textos literários e letramento literário. Neles, constatam os autores, há ausências e imprecisões teóricas, sobretudo no primeiro e no último documentos, já que o segundo se preocupa em delinear alguns desses conceitos caros à literatura e seu ensino. A Base, documento mais recente, decepciona: idealiza um professor cumpridor de ordens, aposta em quantidade (de gêneros textuais que devem ser trabalhados em salas de aula, com destaque os digitais) e não em qualidade (não explica "como" nem "por quê", mas prescreve uma lista de habilidades e competências a serem alcançadas).

Além da pesquisa realizada nos documentos oficiais, os autores analisam, ainda no segundo capítulo, os primeiros volumes de duas coleções de livros didáticos, do ensino médio e do ensino fundamental, aprovadas pelo Plano Nacional do Livro e do Material Didático (PNLD) de 2018 e 2020, respectivamente. Os autores elogiam os exemplos de textos literários e de atividades de leitura literária que encontram nesses materiais, e assim concordam que os professores da educação básica se guiem por esses livros didáticos selecionados pelo PNLD e indicados às escolas. Tais pesquisas – dos documentos oficiais e dos livros didáticos – levam os autores a revisitarem teóricos como Antonio Candido, Angela Kleiman, o Círculo de Bakhtin, Daniel Penac, Magda Soares, Marisa Lajolo, Neide Rezende, Paulo Freire, Roland Barthes, Tzvetan Todorov, com a finalidade de (re)pensarem e (re)definirem conceitos subjacentes (ou não) aos documentos e materiais didáticos analisados. A partir disso, defendem que:

> temos a leitura literária como aquela em que, diante do texto (social, política, cultural e historicamente situado), o leitor (igualmente situado) consegue reconstruir elementos que abrangem as dimensões cognitiva, ética e, também, estética de sua existência

em sociedade. Vale destacar que essas dimensões são construídas de forma contextualizada, de modo que relações de poder macro e microssociais interferem em cada uma delas. Em outras palavras, a leitura literária decorre, assim como outros tipos de leitura, de uma integração sócio e historicamente situada, mas tem como diferencial o alcance da dimensão estética na pessoa.

O terceiro capítulo, por sua vez, preocupa-se com a questão dos letramentos e multiletramentos com vistas aos letramentos literários: nosso alumbramento! Os autores discutem, então, nacional e internacionalmente, o conceito de letramento, convocando autores como Mary Kato, Leda Tfouni e Angela Kleiman para definir letramento(s) como práticas sociais de leitura e escrita, e Brian Street para recuperar os modelos autônomo e ideológico de letramento, os quais são reaproveitados por Magda Soares para adjetivar leitura literária. A pedagogia dos multiletramentos do Grupo Nova Londres e os Novos Estudos dos Letramentos também fazem parte desse percurso teórico que os autores trilham até desembocarem, no final deste capítulo, no conceito de letramento literário propriamente dito e suas práticas na/da escola. Os autores resgatam o termo das Orientações Curriculares Nacionais e discutem como letramento literário é (re)definido por Rildo Cosson e Graça Paulino. Em seguida, apresentam o que entendem(os) por letramentos literários. Eis o novo conceito:

> entendemos letramentos literários como movimentos contínuos, responsivos e ideológicos de apropriação do texto literário como construção de sentidos sobre os textos, sobre nós mesmos e sobre a sociedade, o que envolve: 1) a compreensão do texto literário como um tecido em construção ou texto infinito, com significados sempre em debate, abertos a questionamentos e contestações; 2) a possibilidade de construção contínua de atitudes responsivas – sempre ideologicamente guiadas – na integração com textos literários em diferentes contextos; e 3) um movimento exotópico de encontro com o outro e consigo mesmo, de alteridade, pelo estético, numa perspectiva humanizante do ser humano coisificado.

O quarto capítulo é revolucionário: desestabiliza o cânone literário e a cultura hegemônica para potencializar vozes de resistência historicamente silenciadas das práticas escolares. É a vez dos negros, indígenas, mulheres, pobres, favelados, nordestinos, pessoas LGBTQIA+ e tantos outros sujeitos oprimidos e subalternizados invadirem as escolas para oficialmente existirem nos currículos, nos materiais didáticos, nas avaliações de ensino. Para isso, os autores aprofundam o conceito de letramentos de reexistência definido por Ana Lúcia Silva Souza e nos presenteiam com exemplos concretos (propostas possíveis e necessárias!) de práticas de letramentos literários como espaços de reexistência na escola. Há propostas envolvendo leitura de literaturas periféricas, de produção de textos, de oficinas, de eventos, enfim, atividades didáticas que, definitivamente, ressignificam a literatura, seu ensino e sua aprendizagem na educação básica. Nas palavras dos autores:

> ensinar e aprender devem ser um ato político de intervenção na realidade, e as práticas de letramentos literários não podem se desenvolver a despeito da vida, das questões sociais que latejam no mundo. Literatura, nesse sentido, é a vida se vivendo em nós; é, em nosso ponto de vista, um espaço estético de reinvenção e desestabilização de dogmas e verdades construídas; é um lugar de (des)aprender quem somos e, portanto, um ponto de partida para a inauguração de múltiplas formas de enxergar o mundo e questionar o que nos foi sempre entregue como certo e indubitável.

Literatura na escola comprova, portanto, que a literatura *é, pode ser, pode ser, pode ser, é, pode ser* – ecoam mais uma vez os versos de Arnaldo Antunes musicados pelos Titãs – ensinada e aprendida na escola contemporânea. Em tempos sombrios em que autoritarismo e negacionismo andam a nos espreitar, letramentos literários de reexistência tornam-se cada vez mais urgentes. Precisamos formar, desde a educação básica, jovens estudantes conscientes, sujeitos políticos engajados na luta pela democracia, pela educação pública, gratuita e de qualidade, pela ciência, pela vida. E este livro nos encoraja sobremaneira para essa luta, por isso constará, com toda certeza, nas referências de leituras obrigatórias nos meus programas de cursos de graduação em Letras e de pós-graduação em Linguística Aplicada na Unicamp.

Ensino de literaturas: como é e para quê?

Penso que a literatura está sempre lutando no interior de si mesma, que um livro não quer ser um livro: quer ser vida.

Alejandro Zambra

Muitos professores de língua portuguesa e de literaturas, sejam os que atuam no ensino fundamental ou médio, provavelmente, em algum momento, devem ter se perguntado: "qual o objetivo de ensinar literatura para meus alunos?". No ensino médio, é mais fácil encontrar uma resposta para essa angústia, embora não seja a ideal: "ensino literatura porque faz parte do currículo e de exames seletivos como o Enem e os vestibulares". Mas será que é só isso? E no ensino fundamental, etapa em que a literatura, ainda que presente, não tem o mesmo peso que nos últimos anos da educação básica?

A partir dessa questão apresentada, a proposta deste capítulo inicial será problematizar como é, afinal, ensinar literatura na educação básica, qual a relevância dos saberes literários para os alunos de hoje, quais os principais desafios na hora de abordar textos literários na sala de aula, e, por último, seguindo o caráter propositivo deste livro, vamos delinear algumas reflexões sobre o trabalho com textos literários na escola, alternando entre práticas voltadas tanto para ensino fundamental quanto para ensino médio.

LITERATURA NA ESCOLA: ANTIGAMENTE QUE ERA BOM?

Muito antes de nos tornarmos professores e, portanto, antes mesmo de sermos atravessados profissionalmente pelas questões apontadas anteriormente, a relevância do ensinar literaturas é algo que, de uma forma ou de outra, sempre esteve em xeque. Uma afirmação comum ouvida por jovens em turmas de ensino médio é a de que em séculos passados a literatura era algo muito recorrente no cotidiano das pessoas. De fato, os livros literários que atualmente consideramos clássicos eram lidos, capítulo a capítulo, em formato de folhetins, nos jornais da época, tal como as famosas novelas televisivas de hoje. Por isso, os textos literários ocupavam lugar de destaque na vida da população do século XIX.

Diante dessa afirmação, um jovem aluno do ensino médio poderia ficar impressionado e pensar: "antigamente deveria ser muito mais fácil estudar literatura!". O raciocínio que guia tal crença é o de que já houve um momento na história brasileira em que massas de pessoas liam com prazer e acompanhavam o desenrolar das obras de José de Alencar e/ou de Machado de Assis pelos jornais, ao passo que hoje a literatura só existe graças a poucos leitores interessados e em razão das aulas de literatura na escola. Ledo engano. Tanto o início quanto o fim desse raciocínio trazem grandes equívocos e é sobre eles que comentaremos a seguir, pois consideramos importante, antes de nos debruçarmos sobre reflexões teóricas e sobre práticas pedagógicas, contextualizar melhor o que a literatura representou e representa na/para a nossa sociedade.

Em primeiro lugar, o senso comum sobre a presença da leitura de literatura no cotidiano dos brasileiros dos séculos passados guarda certos exageros que precisam ser esclarecidos. É fato que muitos dos nossos clássicos literários foram, originalmente, publicados nos jornais, em folhetins, e é fato também que essas obras eram populares entre os leitores da época. Mas quem eram esses leitores?

Inicialmente, se olharmos para o final do século XIX, podemos dizer que esse público leitor está longe de ser uma amostra representativa da população brasileira no período. Segundo o Recenseamento da População do Imperio do Brazil,[1] primeiro censo brasileiro, em 1872 havia quase 10 milhões de habitantes no país, dos quais 1,5 milhão eram pessoas escravizadas, ou seja, em torno de 15% da população. Do restante das pessoas consideradas livres, apenas 19% eram alfabetizadas (23% dos homens e 13% das mulheres), ou seja, 1.564.051 pessoas. Observando a tiragem de jornais daquela época, um dos principais suportes para publicação, em folhetins, de obras literárias, notamos um grupo de leitores ainda mais restrito. O *Jornal do Commercio*, por exemplo, precursor na publicação de folhetins literários e importante periódico sediado no Rio de Janeiro, capital do Brasil naquele período, contava com uma tiragem diária de 15 mil exemplares (Ramos, 2017), o que representaria, caso todas as edições fossem vendidas para brasileiros que sabiam ler, menos de 1% desse público. Portanto, quando falamos em leitores brasileiros do final do século retrasado, estamos falando de um grupo realmente diminuto.

Os folhetins foram aqui contextualizados porque, ainda hoje, é bastante comum, em aulas e em livros didáticos, citá-los como exemplos quando se quer falar da "popularidade" que os textos literários desfrutavam nos séculos passados, o que, como pudemos ver, não é exatamente uma verdade histórica. E, vale enfatizar, estamos falando de um período situado poucas décadas antes do início do século XX. Se retrocedermos um pouco mais, o cenário é ainda mais desolador. Dizer, então, que nos séculos passados a literatura brasileira era popular pode gerar interpretações apressadas. Era popular não porque o povo consumia tais obras em grandes quantidades, mas porque os pouquíssimos leitores daquela época usufruíam desse material com certa regularidade. Em um país com milhões de analfabetos, ter uma obra lida por alguns milhares já era uma conquista significativa.

O CONSUMO ATUAL DE LITERATURA E SEUS DESDOBRAMENTOS

Outro equívoco comumente reproduzido é considerar a literatura algo "restrito às aulas da escola", como se só antigamente um (pequeno) grupo de pessoas tivesse na leitura literária sua fonte de entretenimento, e que, no Brasil contemporâneo, tal prática ficasse limitada a intelectuais e estudiosos. O problema desse raciocínio deve-se a um estreito entendimento sobre o que é literatura, desconsiderando toda uma profusão de novos (jovens) autores, novos suportes e novos produtos de entretenimento que têm nos textos literários sua principal fonte.

Dois dos maiores exemplos de séries de livros bem populares das últimas décadas são *Harry Potter* (1998-2007) e a série, ainda em andamento, *As crônicas de gelo e fogo* (1996-atual), que conquistaram o interesse de milhões de leitores no mundo inteiro, dando origem a obras cinematográficas e televisivas. Os filmes baseados nos livros de *Harry Potter*, por exemplo, arrecadaram mais de 9 bilhões de dólares em bilheteria ao redor do mundo, e os livros da série *As crônicas de gelo e fogo* foram responsáveis por inspirar a série televisiva *Game of Thrones*, uma das mais assistidas e celebradas da atualidade. Saindo do campo da literatura fantástica, temos a elogiada série televisiva contemporânea que aborda uma sociedade distópica e tece críticas bastante relevantes sobre problemas sociais atuais: *The Handmaid's Tale*, baseada no livro *O conto da Aia* (1985), de Margaret Atwood, autora vencedora de diversos prêmios literários.

Pensando em obras nacionais, três das maiores bilheterias do cinema brasileiro do começo do século XXI são produções adaptadas a partir de obras literárias: *Cidade de Deus*, *Carandiru* e *Tropa de Elite*, baseada respectivamente em *Cidade de Deus* (1997), de Paulo Lins, *Estação Carandiru* (1999), de Drauzio Varella, e *Elite da Tropa* (2006), de André Batista, Rodrigo Pimentel e Luiz Eduardo Soares. Todos esses livros figuraram por semanas nas listas dos mais vendidos do Brasil, e os dois primeiros também deram origem a séries televisivas de grande sucesso.

Além do consumo de livros, filmes e séries, no final da segunda década do século XXI, devido ao impulsionamento das redes sociais, tivemos ainda uma grande profusão de jovens autores compartilhando suas produções literárias em aplicativos como o Wattpad, por meio do qual tais obras podem ser lidas e também comentadas por outros escritores e leitores. Até mesmo o Instagram,[2] rede famosa pelo compartilhamento de fotos, tornou-se também uma plataforma para divulgação de textos, orais e escritos, de jovens poetas, por exemplo, os poemas da indiana Rupi Kaur (@rupikaur_). Seu perfil, dedicado à publicação de poemas curtos, conta com quase 4 milhões de seguidores em todo o mundo. No Brasil, o movimento dos "instapoetas" tem feito muito sucesso, haja vista o coletivo de poetas responsável pelo perfil *Textos cruéis demais* (@textoscrueisdemais), que conta com mais de 1 milhão de seguidores e que publicou, em 2018, um livro de poemas que se tornou a obra de ficção brasileira mais vendida naquele ano.³ Não podemos deixar de comentar, também, o sucesso dos *slams*, batalhas de poesias que têm ganhado bastante repercussão entre os jovens, principalmente através de vídeos publicados no YouTube. Nessas competições, os participantes apresentam oralmente poemas autorais e são julgados pela plateia que acompanha a disputa.

Para além das redes sociais, podemos destacar também a popularidade de feiras literárias, eventos que têm crescido ano a ano nos mais diversos espaços urbanos, como é o caso da Festa Literária das Periferias (Flup), que já está indo para sua 9ª edição e nos últimos anos ocupou diversos locais historicamente excluídos do circuito cultural do Rio de Janeiro, como Vigário Geral, Mangueira, Cidade de Deus e Vidigal. Além das já tradicionais Festa Literária Internacional de Paraty (Flip), que em 2019 atingiu sua 17ª edição com público superior a 2018, e a Bienal do Livro do Rio de Janeiro, que, em sua edição de 2019, durante dez dias de evento, contou com público de 600 mil pessoas e mais de 4 milhões de livros vendidos, número que supera as vendas da edição anterior, de 2017.

As histórias em quadrinhos (HQs), que há muito tempo têm sua qualidade literária reconhecida (cf. Vergueiro, 2009), também são uma boa representação da maneira como a literatura é consumida hoje em dia. A obra *Maus* (1980), de Art Spiegelman, que conta os horrores do Holocausto pela ótica de um judeu polonês sobrevivente dos campos de concentração, ganhou, em 1992, o Pulitzer, um dos maiores prêmios para trabalhos considerados de excelência no campo do jornalismo e da literatura. *Persépolis* (2000), quadrinho autobiográfico da iraniana Marjane Satrapi, já vendeu mais de 2 milhões de cópias no mundo e conquistou diversos prêmios literários, colecionando elogios em virtude da maneira sensível, bem-humorada e contundente com a qual a autora retrata sua infância e início de vida adulta como mulher no Irã. Poderíamos mencionar ainda a obra *Watchmen* (1986-1987), escrita por Alan Moore e ilustrada por Dave Gibbons, considerada um dos quadrinhos mais influentes do gênero por retratar de maneira inovadora super-heróis desajustados em uma sociedade decadente. Em 2005, a revista *Time* considerou *Watchmen* um dos 100 maiores romances em língua inglesa publicados desde 1923, ano de fundação da revista,[4] ao lado de obras de autores como George Orwell, F. Scott Fitzgerald, Vladimir Nabokov, Virginia Woolf e Ernest Hemingway.

No Brasil, o prêmio Jabuti, uma das maiores honrarias literárias nacionais, criou em 2017 uma categoria exclusiva para quadrinhos, tendo como vencedor da edição mais recente, a de 2021, a obra *META: Dpto de Crimes Metalinguísticos*, de André Freitas, Dayvison Manes, Marcelo Saravá, Omar Viñole, que narra a investigação do assassinato de um desenhista na qual os suspeitos são os próprios personagens criados por esse artista.

Dentre tantos exemplos, há obras literárias em prosa e em versos, autores brasileiros e estrangeiros, homens e mulheres de diferentes origens e diferentes épocas, escrevendo gêneros diversos que são devorados pela sociedade contemporânea. Poderíamos nos estender por muitas páginas apresentando uma extensa lista de autores e obras, mas acreditamos que esses parágrafos já são bem ilustrativos do que queremos demonstrar: a literatura permanece bastante viva em nossa sociedade, isto é, ela é lida, debatida, ocupa diferentes espaços e se desdobra em múltiplas linguagens multisemióticas. Desconsiderar a presença e a relevância da produção literária nos dias de hoje evidencia uma percepção limitada do que é literatura, uma vez que ela assumiu novas maneiras de se apresentar e se representar: a literatura tem sido constantemente ressignificada em uma sociedade cada vez mais multiletrada.[5] Literaturas não faltam, o que há são mais alternativas de consumo e mais suportes para sua publicação, muito além do tradicional livro de papel.

Apesar disso, não podemos ser ingênuos sobre o que dizem os dados em relação ao índice de escolaridade do brasileiro, seu acesso aos bens culturais e seu hábito de leitura. Segundo a Pesquisa por Amostra Domiciliar (PNAD-IBGE) de 2018,[6] o Brasil ainda conta com 11,3 milhões de analfabetos na faixa dos 15 anos ou mais, 52,6% da população brasileira de 25 anos ou mais não concluiu a educação básica, dentre os quais 33% não terminaram sequer o ensino fundamental. Além desses preocupantes dados, nos últimos anos, o acesso a livrarias tem diminuído no nosso país, passando de 73,7 mil, em 2007, para 52,6 mil, em 2018, ou seja, houve um encolhimento de quase 30% em 10 anos,[7] o que nos leva a outro dado importante: o brasileiro, na média mundial, ainda lê muito pouco, são menos de 3 livros por ano, índice abaixo da média anual de outros países emergentes da América Latina, como Argentina (4,6 livros) e Chile (5,4 livros).[8]

Pois bem, vimos que associar a leitura de literatura a algo puramente elitista é antiquado e equivocado, uma vez que tal associação decorre de uma visão redutora (e, por vezes, preconceituosa) sobre o que é consumir literatura em pleno século XXI. Ainda assim, vimos também que estamos longe de um ideal de democracia no acesso ao livro e aos bens culturais. O Brasil ainda é um país socioeconomicamente muito desigual e tal desigualdade se reflete, como não poderia deixar de ser, no acesso aos bens culturais como os livros. Isso posto, onde fica a escola nessa conjuntura? Qual o papel do professor? E, retomando as perguntas do título, como e para que ensinamos literatura?

LITERATURA NA ESCOLA: COMO É?

Para entrar na parte propriamente pedagógica da questão, cabem primeiro alguns esclarecimentos sobre os termos comumente usados. Quando se fala em ensino de literatura (ou de literaturas), costuma-se pensar basicamente no ensino médio e nas aulas dedicadas exclusivamente para essa disciplina, em que serão apresentados autores e suas respectivas obras literárias, quase que exclusivamente brasileiras e portuguesas, aos estudantes.

Em estudo realizado para sua tese de doutorado, Cereja (2013: 55), baseando-se em "planejamentos escolares, manuais didáticos existentes no mercado e [n]o relato direto de professores e alunos", afirma que a prática de ensino de literatura mais comum poderia ser resumida no desenvolvimento de dois domínios: "a construção de conceitos básicos relativos à teoria literária e à teoria da comunicação, considerados ferramentas indispensáveis para lidar com o texto literário" e, a partir da construção desses conceitos, a abordagem prática do "texto literário de época" (Cereja, 2013: 55).

Os saberes das aulas de literatura seriam, então, de um lado, trabalhar os gêneros literários e suas particularidades estruturais, noções de estilística, funções e figuras de linguagem; e, de outro, os textos literários propriamente ditos, inseridos na apresentação das escolas literárias (barroco, arcadismo, romantismo e por aí em diante, até chegar à dita literatura pós-modernista ou contemporânea), acompanhados de breves resumos sobre seus respectivos autores. Como aponta Neide Rezende (2013: 101):

A história da literatura centrada no nacionalismo literário ainda é de longe a perspectiva dominante no ensino de literatura, desdobrando-se em sequência temporal numa lista de autores e obras do cânone português e brasileiro e suas respectivas características formais e ideológicas.

Esses encaminhamentos didáticos, a critério de curiosidade, não são recentes na história educacional brasileira; ao contrário, estão presentes nas escolas há muito tempo, reverberando concepções de ensino de séculos passados: "em todo o período colonial e em boa parte do século XIX, os estudos literários tiveram destacada importância no currículo escolar e fizeram parte do modelo humanista de educação, introduzido no Brasil pelos jesuítas" (Cereja, 2013: 89). Muito tempo se passou, novas leis foram criadas regulamentando a educação brasileira, e ainda podemos encontrar livros didáticos atuais que apresentam concepções muito semelhantes àquelas antigas (e antiquadas) sobre o que seria ensinar literatura.

Na Base Nacional Comum Curricular do Ensino Médio (BNCC/Brasil, 2018), a mais recente legislação sobre a organização dos saberes para essa etapa, até há uma certa problematização do espaço que a literatura tem ocupado nas aulas e como ela tem sido trabalhada – ainda que também haja uma visão redutiva sobre a presença de produções audiovisuais e de histórias em quadrinhos nas escolas, consideradas no documento como "gêneros artísticos substitutivos".[9] Na BNCC afirma-se que:

> Em relação à literatura, a leitura do texto literário, que ocupa o centro do trabalho no Ensino Fundamental, deve permanecer nuclear também no Ensino Médio. Por força de certa simplificação didática, as biografias de autores, as características de épocas, os resumos e outros *gêneros artísticos substitutivos*, como o cinema e as HQs, têm relegado o texto literário a um plano secundário do ensino. Assim, é importante não só (re)colocá-lo como ponto de partida para o trabalho com a literatura, como intensificar seu convívio com os estudantes. (Brasil, 2018: 491, grifo nosso)

Outro termo utilizado por documento oficiais quando se trata de literatura na escola é *educação literária*, que, por sua vez, sugere uma prática mais ampla, preocupada com a formação de leitores literários críticos, que consigam refletir sobre os diversos significados possíveis de um texto, relacionando tal experiência de leitura com seu contexto. Sobre esse termo, Januária Alves explica ainda que:

> Educação literária, como um conceito mais estruturado, é algo recente, que surge com os estudos de teoria literária que investigam as questões da leitura e da formação do chamado leitor competente. Ou seja, aquele que não só compreende as palavras, mas é capaz de ler um texto, compreender o seu contexto, dar-lhe um sentido com base em suas referências e ainda compartilhá-lo socialmente. A educação literária pretende formar esse leitor competente (Alves, 2016: n.l.)

Neste livro, não colocaremos "ensino de literatura" e "educação literária" como termos antagônicos. Acreditamos que o ensino de literaturas e a educação literária são práticas pedagógicas complementares e socialmente engajadas. As aulas específicas de literatura ministradas no ensino médio, assim como o trabalho mais holístico, isto é, que considera a totalidade das possibilidades de abordagens de textos literários em diferentes frentes da área de linguagens no ensino fundamental, podem e devem se preocupar com a formação de leitores literários engajados e críticos. É essa perspectiva de letramentos literários que será adotada aqui.

Voltando, então, ao cerne de nossa discussão, concluímos que o ensino de literatura na escola, apesar de muito debate em torno dele, tem apresentado poucas mudanças ao longo dos séculos. O estudo da historiografia literária aliada a conhecimentos sobre a estrutura dos gêneros literários, a informações sobre biografias de autores e a resumos de obras literárias canônicas continua sendo o principal foco desse ensino na educação básica, sobretudo no ensino médio. Nesse ponto, cabe uma nova questão: qual é o problema dessa abordagem?

LITERATURA NA ESCOLA: O QUE PODE SER?

Embora muito se discuta sobre o padrão de ensino da literatura na educação básica, acreditamos que, muitas vezes, a ênfase da crítica recai mais para o meio do que para o fim da abordagem. Em outras palavras, muito se problematiza o ensino focado na historiografia, nos aspectos textuais dos gêneros trabalhados, nos autores e nas obras canônicas discutidas em salas de aula, em vez de se discutir com que objetivo(s) tais práticas são continuamente replicadas quando se ensina literatura na escola, em específico, no ensino médio.

Levar para a sala de aula discussões sobre escolas literárias, suas características estilísticas e temáticas, seus principais autores, representantes deste ou daquele movimento, enfim, essa dinâmica de ensino, por si só, é um problema? Depende, pois, de acordo com a finalidade do professor, falar sobre romantismo ou modernismo em diálogo com as produções literárias contemporâneas, contextualizando historicamente as (re)construções sociais presentes nas obras de cada período, pode, por um lado, render um trabalho de literatura muito potente e significativo para os alunos; por outro, pode cair na mesmice que é ensinar esse conteúdo atentando apenas para listas de características (estilo do autor, estilo de época) ou para datas específicas de início e fim de determinada fase literária em associação com a publicação deste ou daquele livro, o que pode ser, além de bem enfadonho, muito pouco relevante para a maioria dos jovens estudantes.

Mais do que o acesso a um saber muitas vezes identificado como elitizado, já que boa parte dos textos literários que circulam nas escolas ainda está associada a autores consagrados, muitas vezes, do cânone da literatura nacional, as possibilidades disponíveis para o trabalho com literaturas mostram-se inúmeras: desde aspectos linguísticos e históricos, vinculados ao contexto de produção do texto literário, até temas ditos universais da natureza humana, os quais, frequentemente, essas obras ressignificam e atualizam, convidando-nos a refletir sobre nossa própria existência e atravessamentos da vida. Como afirma Rouxel (2013: 24),

> A literatura lida em sala convida também a explorar a experiência humana, a extrair dela proveitos simbólicos que o professor não consegue avaliar, pois decorrem da esfera íntima. Enriquecimento do imaginário, enriquecimento da sensibilidade por meio da experiência fictícia, construção de transformação identitária estão em ato na leitura.

Pensando sobre a divisão dos saberes escolares em disciplinas, entendemos as aulas de Literatura como o ponto de encontro entre Artes, História e Língua Portuguesa, ou seja, são aulas que oportunizam a reflexão sobre arte, cuja produção (artística) toma como material a própria língua(gem): viva e variável de acordo com o contexto social e histórico. Nesse sentido, apostamos em uma aula de literatura que explore esses três principais aspectos (artístico, sócio-histórico-cultural e linguístico), a fim de despertar o interesse dos alunos para as múltiplas camadas de compreensão que pode suscitar um texto literário. Entretanto, percebemos como principal entrave do ensino de literatura a ênfase demasiada que se dá a um desses pontos em detrimento dos demais, e é justamente sobre esse desequilíbrio que comentaremos a seguir.

TRÊS PROBLEMAS E ALGUMAS REFLEXÕES

Em se tratando de ensino de literatura, identificamos três problemas que se destacam na maneira como ela é abordada em sala de aula. Cada um desses problemas se relaciona com a ênfase dada a apenas um aspecto do texto literário, desconsiderando ou minimizando os demais. São eles:

1. a *ênfase no caráter sócio-histórico-cultural*: quando se apresenta a clássica trajetória linear das escolas literárias, apontando as datas de publicação dos livros deste ou daquele período literário e a relação dessas obras com os eventos históricos europeus e/ou nacionais, sem que isso implique a leitura propriamente dita desses textos literários citados;
2. a *ênfase no caráter artístico*: quando o principal objetivo das aulas de literatura é promover o prazer estético no aluno-leitor da obra literária, propiciar a sua fruição literária. Essa ideia permeia os documentos orientadores, mas em nenhum momento "prazer" ou "fruição" são definidos ou problematizados com objetividade;
3. a *ênfase no caráter linguístico*: quando o texto literário acaba servindo como pretexto para o estudo gramatical, para o reconhecimento de figuras de linguagem, para aulas sobre versificação ou, ainda, para identificação de variações linguísticas.

Esses três tipos de abordagem do texto literário em sala de aula são muito recorrentes e deveriam ser sempre questionados. O principal equívoco, ratificamos, reside na dedicação excessiva para apenas uma dessas abordagens. Cabe ressaltar que tais ênfases não são comuns apenas nas aulas de literatura do ensino médio, mas também nas aulas do ensino fundamental, principalmente o segundo e terceiro aspectos. Problemas identificados, passaremos a comentar cada um deles, sugerindo, na medida do possível, alternativas para a abordagem de textos literários em salas de aula.

No que diz respeito ao caráter sócio-histórico-cultural, talvez, apesar de simplista, a abordagem mais famosa na hora de tratar de um texto literário no ensino médio, tal encaminhamento foi bastante criticado também em documentos educacionais nacionais. A crítica feita pela BNCC já se fazia presente na primeira versão dos Parâmetros Curriculares Nacionais para Ensino Médio (PCNEM), publicada há 20 anos, quando o documento apontava que "a história da literatura costuma ser o foco da compreensão do texto; uma história que nem sempre corresponde ao texto que lhe serve de exemplo" (Brasil, 2000: 16).

Entender o contexto sócio-histórico-cultural de produção de uma obra não significa compreendê-la melhor ou interpretá-la corretamente. Definitivamente, não há essa relação de causa e efeito, uma vez que até mesmo a ideia de "melhor compreensão" é questionável. Entender o contexto sócio-histórico-cultural de produção de uma obra pode, no entanto, ser muito importante, por exemplo, para nos levar à percepção de como a sociedade, ao longo do tempo, buscou, de modo mais ou menos alegórico, descrever sua existência, registrar sua história, sua cultura, (re)elaborar suas ansiedades, confessar suas expectativas, discutir seus dilemas etc.

Seja no século retrasado, seja no atual, sempre há questões que mexem com o mais íntimo do ser humano, que coloca em xeque a maneira como nos relacionamos com nós mesmos e com o mundo a nossa volta. Sempre há carência de respostas e buscas incessantes por sentidos para a vida, vazio existencial – este muitas vezes instigado pela leitura de literatura.

Na etapa escolar, é curioso notar como, muitas vezes, os jovens se apropriam de textos poéticos com os quais se identificam para expressar sentimentos que, embora familiares, ainda não conseguem compreender muito bem; tal sensação de se (re)conhecer na literatura pode simbolizar uma aprendizagem para o resto da vida e propiciar sempre a descoberta de novos autores com os quais poderão dialogar. É nesse ponto de incentivo, diálogo e reconhecimento, que a intervenção/mediação do professor se faz mais necessária, quando, ao evidenciar o caráter responsivo e dialógico[10] da literatura, ele desconstrói a ideia de que apenas o tempo histórico é suficiente para caracterizar uma obra; ao contrário, a obra pode ganhar muitos novos sentidos de acordo com seus novos leitores e novos contextos. A busca pelo "o que o autor quis dizer" torna-se, então, atividade pouco produtiva em uma aula de literatura, uma vez que mais do que ele *quis* dizer, cabe ao professor, na educação literária, dialogar com os alunos sobre o que o autor, de fato, disse, como disse e para quem estava dizendo. Jouve (2012: 146) ressalta que "mesmo que tantos textos ainda nos falem, não podemos esquecer que eles se dirigem em primeira instância aos leitores de seu tempo. Portanto, há toda uma lógica em nos interrogar sobre a maneira com que a obra era entendida enquanto seu autor vivia".

O modo como determinada sociedade se organizava no momento histórico em que uma obra era escrita, que imagem de seus contemporâneos o autor retrata, que temas e perfis sociais eram mais recorrentes e até mesmo que temas e perfis foram invisibilizados ou retratados de maneira subalterna, enfim, é essa leitura do texto literário que tem como referência seu contexto sócio-histórico-cultural que nos parece bastante pertinente.

Portanto, em vez, de propor aos alunos a clássica pergunta do tipo "Quais as principais características da primeira fase do romantismo no Brasil?", há outras possibilidades, levando em conta o que estamos discutindo aqui, como: Após a leitura de *O Guarani*, de José de Alencar, e de *I-Juca-Pirama*, de Gonçalves Dias, que aspectos em comum chamaram sua atenção nessas obras literárias de meados do século XIX? Como a imagem do indígena é reconstruída nessas obras? Que relação é possível estabelecer entre o contexto sócio-histórico-cultural do Brasil desse período com o que estava sendo produzido em termos de literatura nacional?

A mudança de direcionamento pode parecer pequena, mas, por essa perspectiva, evita-se partir novamente da historiografia e se propõe partir das percepções subjetivas do aluno sobre as obras literárias em questão, sua apreciação estética, para, só em seguida, buscar as relações sócio-histórico-culturais envolvendo obras, autores, contexto, estilo e escolas literárias. Para as perguntas anteriores, o aluno teria de mobilizar seus saberes sobre História do Brasil, com destaque para o movimento de independência do início do século XIX, e articular tal conhecimento com a estratégia de alguns autores brasileiros que visavam a se desvincular da identidade portuguesa e criar uma identidade nacional, por isso se dedicaram à produção de obras literárias (em prosa e poesia) de caráter mais nacionalista, idealizando imagens diretamente associadas ao Brasil, que valorizassem a nossa natureza (a fauna e a flora) e o nosso povo nativo (o indígena), tais como a produção poética de Gonçalves Dias e a prosa indianista de José de Alencar, ambos autores da chamada primeira geração: nacionalista ou indianista do romantismo brasileiro.

Com relação a perfis sociais excluídos da produção literária oitocentista, seria possível problematizar com os alunos, por exemplo, o apagamento de escritoras no cânone nacional ao longo do século XIX. Embora pesquisas realizadas recentemente já tenham destacado a produção literária de mulheres escritoras do século retrasado, como Júlia Lopes de Almeida, Maria Firmina dos Reis, Albertina Bertha e Narcisa Amália, ainda hoje tais obras escritas por essas autoras mulheres estão longe de terem o mesmo destaque que obras escritas por autores homens nas aulas de literatura. As mulheres escritoras ocupam esse espaço na escola somente a partir da produção literária do século XX, com a presença de Rachel de Queiroz, Cecília Meireles e Clarice Lispector nos materiais didáticos de literatura para o ensino médio. A própria Clarice, aliás, reconhecida pela academia pelas características de destaque de sua escrita literária, teve sua identidade posta à prova quando críticos da época chegaram a desconfiar de que não se tratava realmente de uma mulher escrevendo, mas de um homem que assinava usando um pseudônimo feminino (Moser, 2017).

Além do silenciamento da voz feminina, outras questões igualmente importantes pouco aparecem em aulas de literatura que privilegiam a perspectiva historiográfica, tais como a escravização do povo negro sob uma ótica crítica, a desigualdade social histórica que assola o Brasil, a representação literária de culturas indígenas e negras, a imagem de miséria que se perpetua na região Nordeste do país, o rompimento com a imposição curricular de se ensinar apenas literaturas de colonizadores e a própria reinvenção da literatura brasileira na contemporaneidade. Todas essas questões podem ser discutidas em sala de aula, promovendo assim um rico diálogo entre as obras literárias canônicas ou não e os acontecimentos do Brasil de hoje. É sempre possível ainda, para ampliar a discussão, incluir outros e novos autores não (tão) estudados em nossa tradição escolar.

Estudar o aspecto sócio-histórico-cultural de uma obra literária, portanto, não é um problema, não reduz nem limita o entendimento do aluno sobre determinado texto literário, desde que esse aspecto seja entendido como uma parte fundamental, mas não exclusiva para compreensão de uma obra literária. É importante ressaltar também que

> A identificação do sentido histórico não seria capaz de exaurir a análise. O texto literário também (e sobretudo?) extrai seu valor dos conteúdos que antecipa. Uma obra passa para a posteridade quando é capaz de responder a outras questões, além daquelas que eram postas na época de sua criação. (Jouve, 2012: 147)

Outro aspecto imprescindível que deve ser abordado ao se trabalhar o texto literário em sala de aula é seu caráter artístico. Como vimos, a literatura não está na escola apenas para servir de suporte para explicações sobre a história do país. A dimensão artístico-literária, talvez a mais complexa de se definir, acaba sendo sempre convocada em um ritual pedagógico que oscila entre a pura contemplação e o distanciamento.

O principal desafio para o professor ao tratar a obra literária como manifestação artística é, antes de mais nada, definir o que seria "arte". Uma vez que tal definição é impossível de ser feita de modo simples e objetivo, essa etapa explicativa da aula é, muitas vezes, pulada, e o professor tem de contar com a irrestrita confiança de sua turma de que o texto literário lido tem legítima qualidade estética, embora os alunos nem sempre consigam entender o porquê dessa (super)valorização. Em outros termos: "Definir a arte é tão delicado que se chegou à conclusão de que o mais sensato ainda era desistir da noção" (Jouve, 2012: 13).

Além de partir de uma concepção bastante subjetiva – como é o conceito de arte – e que pode não ser evidente para todos os envolvidos no processo pedagógico, inclusive para o próprio professor, um outro equívoco comumente flagrado em aulas de literatura é a sacralização do texto literário, isto é, considerar que o valor de um texto literário se encontra exclusivamente nele, na linguagem artística em que foi escrito, fruto do talento e da sensibilidade do autor. Tal entendimento não leva em conta a importância dos leitores e da leitura para legitimar ou não a qualidade de uma obra literária. Contudo, como já dito aqui quando tratamos do caráter sócio-histórico-cultural da obra literária: todo leitor é/está sócio-histórico-culturalmente situado; portanto, nenhuma obra literária, por mais canônica que seja, traz em si a noção pura e acabada de beleza. De acordo com Jouve (2012: 16), "o belo não é um dado absoluto: é o resultado sempre contingente de uma relação de conveniência entre as propriedades de um objeto e o gosto daquele que o avalia. O que define a relação estética, portanto, não é a natureza do objeto apreendido, mas o tipo de olhar que se lança sobre ele".

Para ilustrar esse tipo de concepção, citamos os comentários feitos sobre Clarice Lispector por alguns críticos de sua época que a consideravam "alienada e tediosa" (Moser, 2017: 19), assim como não deixa de surpreender as críticas feitas a Carlos Drummond de Andrade na época do lançamento de um de seus mais famosos poemas:[11]

> O sr. Carlos Drummond é difícil. Por mais que esprema o cérebro, não sai nada. Vê uma pedra no meio do caminho e fica repetindo a coisa feito papagaio. Homem! E não houve uma alma caridosa que pegasse nessa pedra e lhe esborrachasse o crânio nela. (Gondin da Fonseca, *Correio da Manhã*, 1938, apud Andrade, 2010: 57)

A apreciação de uma obra literária envolve tempo, contexto de leitura, referências do leitor. Por isso, não deveria haver problema algum caso o aluno "não goste" de um texto literário selecionado pelo professor, por mais reconhecido e referendado que esse autor seja entre os estudiosos da área. Partindo desse entendimento, o importante deveria ser possibilitar que os alunos possam expandir seus repertórios de leitura e assim desenvolver parâmetros para avaliar com mais consistência as produções literárias com os quais entrarão em contato.

Nos primeiros anos da educação básica, é notável o empenho de professores do primeiro segmento para a construção de um ambiente lúdico e cativante para que os alunos se interessem pela leitura do texto literário. Para isso promovem rodas de leitura, leituras compartilhadas, leituras dramatizadas, enfim, várias são as estratégias para que os recém-chegados alunos, ainda em seu processo de alfabetização, tenham sua curiosidade despertada e se interessem pelo texto escrito.

Curiosamente, essas práticas vão perdendo espaço ao longo da vida escolar dos alunos, como se, após alfabetizados, eles automaticamente já se tornassem leitores proficientes; desse modo, muitas vezes a escola ignora a necessidade de propor um programa de leitura que busque fazer o estudante progredir no seu processo de formação como leitor literário. No sentido oposto, pouco a pouco, na escola, a Literatura vai se tornando uma disciplina em que se propõem leituras "difíceis" de textos "consagrados"; textos literários para serem decodificados, destrinchados e analisados sem que se promova uma relação afetiva entre texto e leitor. Nesse sentido, concordamos que "a atitude sacralizadora da literatura lhe faz mais mal do que bem. Mantida em adoração, a literatura torna-se inacessível e distante do leitor, terminando por lhe ser totalmente estranha. Esse é o caminho mais seguro para destruir a riqueza literária" (Cosson, 2006: 28-29).

Poderíamos dizer que esse distanciamento entre aluno e texto literário, ou dizendo de outro modo, entre educação e literatura, atinge seu ápice no ensino superior. Não é incomum que os cursos de Letras, justamente aqueles responsáveis por formar futuros professores de Português e de Literaturas, dediquem pouco espaço para discutir o ensino de literaturas, especificamente, para discutir didáticas que visem a promover a leitura de obras literárias (cf. Scheffel, 2017).

Uma proposta pedagógica para educação básica que considere o caráter artístico da literatura sem que tal aspecto distancie os estudantes do texto deveria não perder de vista a essência daquele trabalho realizado nos anos iniciais do ensino fundamental, quando o aluno ainda está na fase de se familiarizar com a produção escrita. Mesmo que o estudante já esteja nos anos finais do ensino fundamental ou até mesmo no ensino médio, cada contato com o texto literário é uma nova experiência de leitura, uma nova descoberta que vai exigir familiaridade com o literário. Investir nisso somente no ensino fundamental não nos parece suficiente para que os alunos se tornem leitores capazes de desvendar os múltiplos sentidos que uma obra literária possibilita.

Nesse movimento de aproximação dos estudantes com a literatura, diversas atividades podem ser elaboradas, sempre levando em conta o nível de desenvolvimento do aluno ao buscar textos adequados para cada etapa. Nesse sentido, consideramos que "o professor é um sujeito leitor que tem sua própria leitura de texto. É também um profissional que precisa vislumbrar, em função de diferentes parâmetros (idade dos alunos, expectativas institucionais), que leitura do texto poderá ser elaborada na aula" (Rouxel, 2013: 8).

Nos sextos e sétimos anos do ensino fundamental, por exemplo, costumam fazer muito sucesso atividades envolvendo poesias concretas, músicas, produção de haicais, produção de histórias em quadrinhos, desafios poéticos como escrever um poema inteiro sem a vogal A, ou escrever um miniconto só com palavras de uma ou duas sílabas. Nos oitavos e nonos anos, crônicas e contos mais extensos podem ser trabalhados, suscitando debates, com indicação de pesquisa sobre outros textos com temática parecida, ou ainda, dramatização de determinado conto, competição de escrita de contos de terror, reescrita de contos com mudança de foco narrativo, montagem de mural com paródias e releituras de poemas, apresentação performática das narrativas lidas em formato de rap etc.

No ensino médio, quando o ensino de literatura já é mais sistematizado, o nível de complexidade deveria acompanhar esse momento final da educação básica. Nesse sentido, tais propostas de atividades podem, com devidas adequações, ser exploradas nessa etapa de ensino, mas passa a ser imprescindível também discutir com os alunos como diferentes autores e autoras reelaboram a linguagem em suas obras para tratar de determinadas temáticas e questões de grande relevância social.

Dentre algumas possibilidades, o professor poderia propor discutir a precarização da moradia com a ascensão das favelas no Rio de Janeiro e as condições de vida de seus moradores partindo das vozes dos personagens de *O cortiço*, de Aluísio Azevedo, em diálogo com a narradora do livro *Quarto de despejo*, de Carolina de Jesus, e os personagens de *Cidade de Deus*, de Paulo Lins, sugerindo, também, a criação de uma exposição com ilustrações, fotos e pinturas representativas de espaços tal como apresentados nos livros. Outra ideia é pensar, por um lado, em permanências e rupturas que ocorreram entre o modo como a população negra era concebida sob a perspectiva da poética de Castro Alves, por exemplo, autor ativamente abolicionista, da terceira geração do romantismo brasileiro, e como essa população é representada hoje nas novelas e séries de televisão; por outro lado, discutir como autoras e autores negros estão empoderando as narrativas sobre suas próprias histórias, buscando ocupar novos e necessários espaços de discussão no campo da cultura e do entretenimento; ou ainda, após comparar a representação dos povos indígenas da primeira fase do romantismo e da primeira fase do modernismo, propor uma pesquisa envolvendo autores indígenas contemporâneos, problematizando, assim, os tradicionais estereótipos em representações artísticas dos indígenas. Em todos esses possíveis caminhos, a atividade da leitura literária deve estar em primeiro lugar, pois, como sinaliza Aguiar (2013: 160-161),

> Ler ficção não é entrar num mundo mágico, irreal e alienado, mas captar a realidade mais intangível, aquela sedimentada no imaginário a partir das ingerências do cotidiano da história individual e social. Talvez, nessa caminhada, o prazer maior seja nos descobrirmos capazes de descobrir, porque o grande saldo da arte é o de desvelar ao homem sua própria humanidade.

Não há nenhuma novidade nos exemplos sugeridos, pois são atividades possíveis, mas, mesmo assim, devido ao escasso tempo e à sobrecarga de saberes a serem ensinados ao longo de apenas três anos de ensino médio, tais atividades acabam sendo tratadas como práticas menores, como "aulas de entretenimento" em vez de "aulas sérias". Romper com essa percepção é, portanto, um dos desafios de professores comprometidos com a educação literária, como também entender a literatura como manifestação artística; do contrário, é descaracterizá-la, tirando dela um de seus aspectos mais elementares.

Por último, mas não menos importante, é necessário refletir sobre o caráter linguístico do texto literário. Sublinhe, destaque, circule, identifique... quantas vezes, como alunos, não atendemos a esses comandos em atividades de Língua Portuguesa que tinham o texto literário como referência? E quantas vezes mais, como professores, não (re)produzimos atividades com os mesmos comandos direcionados aos mesmos textos literários com os quais tivemos contato na educação básica?

Antes de qualquer julgamento antecipado, não compreendemos que exista um modo exclusivo de abordar a literatura em sala de aula nem que exercícios considerados tradicionais não tenham sua relevância e pertinência dependendo das intenções pedagógicas do professor. O cerne da questão, nesse último ponto, é justamente refletir sobre esta palavra: "intencionalidade".

Sendo a literatura abordada em sala de aula como uma produção principalmente verbal, seu material linguístico é, sem dúvida, o mais evidente. Antes mesmo de ler qualquer texto literário que foi indicado, o aluno já tece sua opinião tomando como base exclusivamente a maneira como determinado autor ou autora organizou suas palavras na obra: "O texto é muito grande! A folha tem frente e verso! O texto é só isso? Tem formato de poema!" A materialidade salta aos olhos; por isso, desde o início do ensino fundamental, a parte escrita é uma das mais trabalhadas quando o texto literário surge em sala.

A importância de se ler um texto literário visando a explorar os aspectos linguísticos mobilizados por ele para a construção de sentidos está na condição indisciplinada, ou melhor, subversiva da linguagem literária, que não precisa obrigatoriamente se ater a regras gramaticais, normas ortográficas ou convenções de determinado gênero discursivo. É por meio da literatura que a língua pode ser subvertida e é exatamente essa falta de estabilidade do gênero literário que o torna um material tão potente para ser trabalhado em sala de aula, uma vez que nos exige um comprometimento bem maior do que outros gêneros mais estáveis e socialmente consolidados.

A disposição das palavras, o uso (ou não uso) da pontuação, as adjetivações, a modalização discursiva, todos esses aspectos contribuem para construir o sentido global do texto; logo, seria importante trabalhar, também em sala de aula, os possíveis efeitos de sentido alcançados pelos autores na maneira como exploram o material linguístico de seus textos literários. Nesse sentido, Dalvi (2013: 88) defende que:

> Os textos literários não podem ser meros pretextos para aprendizagem gramatical ou metalinguística, porque não se esgotam (como nenhum outro texto, de resto) na superfície textual. Por outro lado, não se pode desprezar a dimensão material da língua em prol do 'conteúdo': portanto, desconfia-se de quem só aborda a dimensão 'crítica' ou 'subjetiva' do texto literário.

Uma discussão recorrente quando se fala em utilizar o texto literário para abordar questões linguísticas é o risco de reduzir todo o potencial da literatura a mero pretexto para análise textual. A famosa expressão "texto como pretexto" sintetiza essa preocupação. Entretanto, precisamos entender que todo texto levado pelo professor para sala de aula atenderá a determinado pretexto pedagógico. Esse pretexto pode ser: incentivar a praticar leitura, exercitar interpretação, motivar produção escrita, dentre tantas outras atividades, ou seja, o trabalho com textos na escola sempre terá um pretexto, e isso não é um problema. O problema, conforme já discutimos, é a clareza dessa intencionalidade. De fato, é importante ter em mente que

> A prática da literatura, seja pela leitura, seja pela escritura, consiste exatamente em uma exploração das potencialidades da linguagem, da palavra e da escrita. É no exercício da leitura e da escrita de textos literários que se desvela a arbitrariedade das regras impostas pelos discursos padronizados da sociedade letrada e se constrói um modo próprio de se fazer dono da linguagem que, sendo minha, é também de todos. (Cosson, 2006: 16)

Como professores, compomos uma categoria profissional que, dentre seus diversos deveres, está o de compartilhar determinados saberes em diálogo com os alunos para que eles possam se apropriar de/elaborar novos conhecimentos; no caso de professores de língua portuguesa e de literaturas, conhecimentos linguísticos e literários. Quando não perdemos de vista tal objetivo, entendemos, por exemplo, que não é equivocado trabalhar o aspecto gramatical dos textos literários, desde que entendamos que esse é apenas um dentre outros aspectos que podem ser explorados no trabalho com a literatura na sala de aula. Além disso, não podemos perder de vista que, nesse caso, o trabalho com a gramática deverá estar a favor da leitura literária e não o contrário, ou seja, o movimento não pode ser inverso. Desse modo, chamar a atenção para a inversão sintática na ordem dos termos em uma oração em um texto do gênero poético, observar o uso intencional de determinada variedade linguística por um(a) autor(a), ressaltar como o paradigma de conjugação de um verbo foi alterado em determinada obra literária, entre outros exemplos, podem funcionar como exercícios que favorecem a construção de uma relação estética do estudante com o texto.

Dentre as possibilidades de exploração dos recursos linguísticos em diálogo com a construção de sentidos do texto literário, tendo em vista seu aspecto artístico e sócio-histórico-cultural, bem como a vinculação de uma obra a determinada escola literária, podemos mencionar: o excesso de figuras de linguagem (antíteses, paradoxos, metáforas) da estética barroca, para representar justamente a dualidade entre vida terrena e vida eterna, tema tão caro a essa época; a presença de uma linguagem mais simples e objetiva na poesia árcade ou neoclássica, em parte para se opor ao barroco, mas também por se tratar de uma temática mais leve, de exaltação da natureza e da vida campestre mais simples, longe das grandes cidades; o modo distinto como autores românticos e parnasianos lidavam com os parâmetros formais da produção literária, já que os primeiros buscavam mais liberdade na expressão poética, evitando esquemas métricos rígidos, enquanto que os segundos preferiam a perfeição formal, apegados a formas poéticas fixas, à presença de rimas e à esquema métrico regular.

Outro ponto interessante de ser explorado em aulas de Literatura é a maneira como a variação linguística era entendida no romantismo do século XIX e como essa questão foi reelaborada pelos modernistas de 1922: em ambos os movimentos literários, os autores buscavam uma representação escrita mais próxima do falar brasileiro motivada pela ideia de construção de uma identidade nacional, embora em cada período tal objetivo tenha sido alcançado de modo bem diferente.

Vários outros aspectos linguísticos podem ser trabalhados em aulas de literatura. Se, por exemplo, nos concentrarmos apenas em escritores já considerados canônicos, temos: a construção da ironia e do humor refinado em boa parte da obra de Machado de Assis; a sensação de miséria, escassez e abandono registrada nas descrições de Graciliano Ramos em *Vidas secas*; a musicalidade rítmica dos versos de Cecília Meireles; a riqueza sem fim da (re)invenção da linguagem na obra de Guimarães Rosa; a linguagem leve e coloquial, e nem por isso menos impactante, na poesia de Adélia Prado e de Manoel de Barros. Todos os efeitos de sentido provocados pela habilidade dos autores em trabalhar de modo inovador e cativante aspectos linguísticos em seus textos.

Esses caminhos para se abordar as obras literárias em salas de aula são bem conhecidos de professores de literatura do ensino médio, mas fazemos questão de retomá-los, relacionando com o que foi comentado nos aspectos sócio-histórico-culturais e artísticos, para relembrar que, mesmo nos moldes tradicionais do ensino de literatura na educação básica, é possível explorar o texto literário de diversas formas, sem que para isso as aulas se convertam em mera memorização de características estilísticas e temáticas associadas a determinados períodos literários.

HÁ CONDIÇÕES PARA TUDO ISSO?

Quase é possível ouvir do professor, leitor deste capítulo, o pensamento: "Está tudo muito bom, tudo muito bem, mas há tempo e condições materiais para todo esse trabalho com literatura na rotina real de uma escola?". Uma resposta pouco empática poderia ser a de que é o professor que faz seu tempo, que ele deveria exercer sua autonomia e realizar sua prática independentemente do que o cronograma escolar obriga ou do que os livros didáticos recomendam. Mas sabemos que não é bem assim.

Trabalhar com literatura na educação básica, tanto no ensino fundamental quanto no ensino médio, seja em escola particular ou pública, demanda um esforço que está longe de ser pequeno. Tal esforço reside na elevada quantidade de conteúdos que, muitas vezes, acabam atropelando qualquer planejamento que demande um pouco mais de tempo; reside também na complexidade que é trabalhar com atividades de leitura de textos literários em turmas com dezenas e dezenas de alunos, em ambientes não climatizados e com poucos recursos pedagógicos. Como ler coletivamente uma obra literária em uma escola que não dispõe sequer de exemplares do livro para todos os alunos? Como discutir um determinado capítulo de um romance quando não há sequer disponibilidade de cópias na escola?

Decidimos, na parte final deste capítulo, tratar dessas questões de ordem estrutural, evitando assim sustentar uma visão idealizada do que seria ensinar literaturas na escola. Sempre nos incomoda ler textos acadêmicos que atribuem à literatura um aspecto redentor ou que desconsideram o contexto no qual os professores atuam, indicando propostas didáticas como se, para um trabalho dar certo, bastasse boa vontade. De todo modo, acreditamos que não podemos ficar no lugar-comum da crítica pela crítica ou da desesperança paralisadora; é preciso ser propositivo, mas sempre com o pé no chão, por isso, gostaríamos de concluir este capítulo com as seguintes observações que retomam e resumem o que foi comentado até agora.

Antes de começar qualquer trabalho didático com literatura na escola, seja qual for a etapa de ensino, o professor deve lembrar que trabalhará com um saber que não está restrito a uma outra época distante. A literatura atravessa nossa sociedade contemporânea de diversas formas, e os alunos, mais do que percebemos, têm uma relação muito próxima com certos gêneros literários da atualidade. Cabe então ao professor ampliar esse seu repertório literário, sem menosprezar seus conhecimentos prévios, mas também sem "qualificar" como "menor" ou "inferior" a leitura dos seus alunos, fãs de poetas que seguem no Instagram e consumidores vorazes de literatura juvenil. Essas avaliações feitas por professores sobre a leitura de seus alunos, além de preconceituosas, não ajudam em nada a potencializar o engajamento dos jovens na leitura literária que a escola deseja; ao contrário, podem acabar até os afastando de futuras descobertas literárias.

Além de compreender a importância que a literatura pode ter para seus alunos, o professor também precisa ser um testemunho de leitura, já que é muito difícil ensinar algo que não se exerce. Se não é possível tirar cópias de capítulos para seus alunos acompanharem o romance pretendido, a leitura em voz alta cuidadosa e realizada pelo professor enquanto os alunos acompanham a história apenas pela escuta pode ser um caminho, ou ainda a leitura suspensa, na qual o professor pausa a história um pouco antes do fim e propõe discussões sobre a conclusão, tendo como referência pistas deixadas no texto. Essas são sugestões para trabalhar, por exemplo, a concentração dos alunos, pois enquanto o texto é lido, eles vão elaborando suas hipóteses e colocando-as, em seguida, em diálogo com hipóteses levantadas pelo restante dos colegas: "Você não ensina propriamente a ler, a não ser que o outro leia, mas o que você pode é testemunhar como você lê e o seu testemunho é eminentemente pedagógico" (Freire, 1982: 8).

Faz toda a diferença na maneira como os alunos se relacionam com a aula quando percebem que o professor é também leitor e não apenas alguém reproduzindo o conhecimento já descrito no livro didático. Ao trabalhar com alguns gêneros literários mais curtos no ensino fundamental, como contos, crônicas ou poemas, podemos mostrar aos alunos, por exemplo, o livro de onde tais textos foram tirados. Dependendo da circunstância, podemos até tirar cópias do texto a ser lido, copiá-lo no quadro, ou apenas lê-lo em voz alta e pedir para que os alunos acompanhem a leitura. Em nossas experiências como professores, foram muitas as vezes em que os alunos pediram simplesmente para tocar no livro que estava sendo lido, ou melhor, para "ver com a mão" a obra literária; nesses casos, a nossa sugestão é passar o livro "de mãos em mãos", literalmente, para que todos o folheiem, vejam mais de perto a sua capa, o seu tipo de papel, as suas possíveis ilustrações. Nessa dinâmica, também é comum ouvir alunos perguntando quanto custou determinado livro, onde foi comprado ou ainda se aquela edição poderia ser emprestada. O objeto livro desperta uma curiosidade que nem sempre nos damos conta, por isso, esse "testemunho de leitura" do professor se faz importante, pois cria certa familiaridade dos alunos com hábitos de leitura e com a materialidade da obra, isto é, com o suporte livro.

Por último, além de compreender a importância da literatura nos dias atuais e de buscar ser uma referência de leitor para os alunos, outro ponto necessário para o professor é estar sempre atento aos três aspectos que aqui destacamos do texto literário: o sócio-histórico-cultural, o artístico e o linguístico, evitando a ênfase em apenas um. Igualmente importante é evidenciar para o aluno que o texto não é apenas pretexto, mas pode gerar significações que extrapolam seu contexto de produção, seu gênero literário e sua materialidade linguística. Afinal,

> O discurso literário só avança na contramão e é desse modo que consegue tornar audíveis as mais diferentes vozes, estabelecer diálogos diversos e inusitados, acolher o próximo e o distante, o estranho e o familiar [...]. É por ser múltipla que a literatura oferece um espaço de liberdade. Sem cruzamento de falas, sem tensão, sem aventura de sentidos, onde há literatura? (Cadermatori, 2012: 50)

Se haverá tempo para todos esses desdobramentos nas aulas de literatura, realmente é algo que nenhum professor, por mais bem organizado que seja, consegue definir. Um texto literário pode ser escolhido, sua análise muito bem planejada, todos os pontos previamente marcados, mas são as relações estabelecidas com a turma de alunos que guiarão o ritmo de qualquer prática; a relação de confiança entre alunos e professor, a relação de identificação entre alunos e texto e, também, a relação de proximidade do professor com o texto. Tais práticas pedagógicas interferem na maneira como uma obra vai ser trabalhada em sala de aula e se os objetivos pretendidos serão atingidos ou não.

Ainda assim, por tudo que foi abordado neste capítulo, acreditamos que sempre vale a pena a tentativa, sempre vale a pena criar condições para que a literatura seja/esteja mais presente no cotidiano de nossos alunos. Ouvir inesperadas interpretações, observar olhos brilhando de curiosidade diante do desenrolar da leitura de uma narrativa, ler surpreendentes análises feitas pelos alunos em avaliações escritas e testemunhar, entre erros e acertos, todo o desenvolvimento de uma turma graças aos riscos corridos na aposta no trabalho com a literatura é sempre recompensador. É por essas e outras, afinal, que somos professores.

Deixando o caminho aberto para os próximos capítulos, cabe lembrar que, além dos desafios aqui mencionados, há, sem dúvida, outros que envolvem questões das mais diversas naturezas. Nos dois capítulos seguintes, portanto, vamos lançar luz sobre um desses desafios ao abordar um ponto que merece ser aprofundado: a complexidade em entender o que seria *ler* literatura e, na esteira de teorizações recentes, *letrar* literariamente.

Notas

[1] Fonte: http://www.nphed.cedeplar.ufmg.br/wpcontent/uploads/2013/02/Relatorio_preliminar_1872_site_nphed.pdf. Acesso em: 6 jan. 2020.
[2] Fonte: https://epoca.globo.com/cultura/noticia/2018/02/o-instagram-tornou-se-plataforma-dospoetas-contemporaneos.html. Acesso em: 7 jan. 2020.
[3] Fonte: https://www.publishnews.com.br/materias/2019/02/08/textos-crueis-demais-para-ficaremfora-da-lista-dos-mais-vendidos. Acesso em: 7 jan. 2020.
[4] Fonte: http://entertainment.time.com/2005/10/16/all-time-100-novels/slide/how-we-picked-the-list/. Acesso em: 7 jan. 2020.
[5] O termo *multiletramento*, segundo Roxane Rojo (2012: 13), aponta para a "multiplicidade cultural das populações e a multiplicidade semiótica de constituição dos textos por meio dos quais [uma pessoa] se informa e se comunica". Uma discussão mais abrangente sobre tal conceito será desenvolvida em nosso terceiro capítulo.
[6] Fonte: https://biblioteca.ibge.gov.br/visualizacao/livros/liv101657_informativo.pdf. Acesso em: 7 jan. 2020.
[7] Fonte: https://g1.globo.com/economia/noticia/2018/12/09/numero-de-livrarias-e-papelarias-nobrasil-encolhe-29-em-10-anos.ghtml. Acesso em: 7 jan. 2020.
[8] Fonte: https://culturacolectiva.com/letras/dia-mundial-del-libro-mexico-lectura. Acesso em: 7 jan. 2020.
[9] A compreensão sobre os desdobramentos da literatura em outros gêneros, a partir da compreensão de que tais produções podem muito mais incentivar e renovar o interesse dos alunos por obras literárias em vez de simplesmente disputar espaço com elas, já foi comentada no início deste capítulo. Agora nos cabe apenas criticar o fato de um documento nacional tão importante como a BNCC ainda deixar ressoar, em alguns de seus pontos, um entendimento tão limitado sobre o que poderia ser o ensino de literaturas em diálogo com outros gêneros contemporâneos.
[10] Entendemos *responsividade* e *dialogicidade*, aqui, a partir do pensamento do Círculo de Bakhtin, como atos de posicionamento discursivo-ideológico frente a outros enunciados em contextos de enunciação sócio-historicamente situados. Nas palavras de Bakhtin, "todo enunciado é pleno de ecos e ressonâncias de outros enunciados com os quais está ligado pela identidade da esfera de comunicação discursiva. Todo enunciado deve ser visto antes de tudo como uma resposta aos enunciados precedentes de um determinado campo [...]: ele os rejeita, confirma, completa, baseia-se neles, subentende-os como conhecidos, de certo modo os leva em conta" (Bakhtin, 2016: 57).
[11] Trata-se do poema "No meio do caminho", publicado pela primeira vez em 1928, que começa com os famosos versos: "No meio do caminho tinha uma pedra / Tinha uma pedra no meio do caminho / Tinha uma pedra / No meio do caminho tinha uma pedra." (Andrade, 2012).

A leitura literária e sua prática na escola

Você lê e sofre. Você lê e ri. Você lê e engasga. Você lê e tem arrepios.
Você lê, e a sua vida vai se misturando no que está sendo lido.

Caio Fernando Abreu

A formação de leitores é, sem dúvida, um dos nossos maiores desafios e desejos como professores de Língua Portuguesa e de Literaturas. A respeito dessa afirmação, que parece ser consenso tanto em pesquisas acadêmicas quanto em comentários docentes, dois esclarecimentos se fazem necessários. O primeiro deles – que na teoria parece óbvio, mas na prática não é – diz respeito à expressão *formar leitores*. Essa expressão nos remete, neste livro, à ideia de formação de leitores literários: aqueles que, longe das necessidades básicas de subsistência e inserção em uma sociedade letrada (ler uma receita médica, um letreiro de destino de um ônibus, um contrato de trabalho), buscam nos textos um espaço para vivenciar outros e este mundo, buscam um local no qual, ao mesmo tempo que escapam de sua vida, encontram-na; leitores que, quando leem, sofrem, riem, se engasgam, têm arrepios, sentem sua vida se misturar com o que está sendo lido, tal como na epígrafe deste capítulo. Formar leitores, nesse sentido, é mais do que colaborar para que as pessoas consigam lidar com o código linguístico escrito.

Já o segundo esclarecimento é sobre o termo *professores de Língua Portuguesa e de Literaturas*. Quando falamos desses professores, estamos nos referindo não somente aos docentes que atuam no ensino médio, regentes da disciplina de Literatura ou Português/Literatura, mas também aos que atuam no ensino fundamental. Esse esclarecimento se faz necessário porque, muito presos a rótulos, muitas vezes nos esquecemos de que, como professores de Português no ensino fundamental, também somos professores de Literatura e, ainda que não estejamos sob esse rótulo, grande parte de nossas aulas são baseadas em gêneros, autores e textos considerados literários. Um breve exame em nossa memória nos mostra o quanto a leitura literária é presente nas aulas da educação básica, independente da etapa de escolaridade.

E é justamente sobre esse ponto, isto é, o que se considera leitura literária na escola, que este capítulo pretende se debruçar. Nesse sentido, partimos das seguintes indagações: o que diz a área de ensino de literatura sobre a leitura literária na escola? O que é considerado (nos livros didáticos e nos documentos oficiais nacionais que regem o ensino, por exemplo) leitura literária? O que se lê quando se aborda a literatura na escola? O que é leitura literária?

Acreditamos que problematizar essas questões torna possível o planejamento de práticas de formação de leitores mais bem embasadas, mais consistentes e, talvez, abertamente responsivas, que atendam aos anseios dos nossos alunos. Com esses objetivos, investigaremos considerações feitas em documentos oficiais, materiais didáticos e pesquisas referentes ao ensino de literatura. Comecemos pelos documentos.

O QUE DIZEM OS DOCUMENTOS OFICIAIS SOBRE A LEITURA LITERÁRIA?

Esta seção discute o conceito de leitura literária em alguns dos principais documentos oficiais norteadores das práticas docentes nas etapas finais da educação básica: Base Nacional Comum Curricular (BNCC), Orientações Curriculares Nacionais para o Ensino Médio (OCEM) e Parâmetros Curriculares Nacionais (PCN). Nesses documentos, buscaremos compreender o que se apresenta como leitura literária, texto literário e literatura. Seguimos uma ordem cronológica decrescente das publicações dos documentos. Assim, começamos do mais recente e adentramos os anteriores.

A BNCC e a leitura literária: pouca teoria e muitos comandos

Nossa investigação sobre o conceito de leitura literária em documentos norteadores do ensino parte do documento oficial mais recente para a educação básica brasileira, a Base Nacional Comum Curricular (Brasil, 2018). Ela é o nosso ponto de partida, devido ao seu caráter normativo na elaboração de currículos e planejamentos de cursos da atualidade (anos iniciais de 2021). Esclarecemos estar cientes de que o objetivo da Base não é o de uma discussão teórica aprofundada a respeito de conceitos relacionados ao ensino. Entretanto, esperamos, ao menos, breves considerações que nos permitam compreender como a noção de leitura literária aparece no documento que, em suas quase seiscentas páginas, "define o conjunto orgânico e progressivo de 'aprendizagens essenciais' que todos os alunos devem desenvolver ao longo das etapas e modalidades da Educação Básica" (Brasil, 2018: 7).

A combinação de termos *leitura literária* aparece apenas duas vezes na BNCC. A primeira menção é feita na página 87 do documento, na qual são elencadas dez competências específicas de língua portuguesa para o ensino fundamental. A competência de número 9 menciona a leitura literária, ao esperar dos alunos a ação de

> Envolver-se em práticas de leitura literária que possibilitem o desenvolvimento do senso estético para fruição, valorizando a literatura e outras manifestações artístico-culturais como formas de acesso às dimensões lúdicas, de imaginário e encantamento, reconhecendo o potencial transformador e humanizador da experiência com a literatura. (Brasil, 2018: 87)

Como se pode notar, a primeira menção ao termo *leitura literária* não traz uma definição ou uma explicação sobre o conceito. A noção parece estar posta no documento como algo óbvio e que não necessita de maiores esclarecimentos. Assim, tendo o conceito como dado, isto é, sem que haja uma definição ou ao menos breves considerações sobre o que venha a ser a leitura literária, a BNCC preconiza que os alunos do ensino fundamental se envolvam em suas práticas.

A segunda e última vez que esse termo aparece no documento já é na parte dedicada ao ensino médio, na discussão sobre as especificidades do campo artístico-literário. Nela, temos:

> A prática da leitura literária, assim como de outras linguagens, deve ser capaz também de resgatar a historicidade dos textos: produção, circulação e recepção das obras literárias, em um entrecruzamento de diálogos (entre obras, leitores, tempos históricos) e em seus movimentos de manutenção da tradição e de ruptura, suas tensões entre códigos estéticos e seus modos de apreensão da realidade. (Brasil, 2018: 523)

Novamente, o que vemos é o uso do conceito sem que haja uma discussão a seu respeito. Aborda-se o que a prática da leitura literária na escola deve ser capaz de propiciar, mas não o que ela é. Portanto, diante dessa ausência de uma definição explícita, passamos a investigar os contextos linguísticos nos quais a menção à leitura literária é feita. Talvez, assim, consigamos indícios para a compreensão do entendimento sobre o que é leitura literária na BNCC.

Voltemos, então, ao primeiro excerto que abordamos, aquele que se refere a uma das dez competências para o ensino fundamental. Nesse trecho, por exemplo, a BNCC menciona "práticas de leitura literária que possibilitem o desenvolvimento do senso estético para fruição..." (Brasil, 2018: 87). A esse respeito, surgem mais questionamentos do que esclarecimentos: o que seria o desenvolvimento do senso estético para o documento? Fruição[1] seria o ato de produzir prazer no contato com o texto? Os termos usados são muito subjetivos e entendemos não ser possível escapar deles quando estamos nos referindo à leitura literária. No entanto, justamente por esse motivo, dada toda essa carga de subjetividade dos conceitos com os quais lidamos, como professores, sentimos a necessidade de algumas considerações que permitam direcionamentos para uma compreensão mais embasada. A ausência de uma discussão sobre os termos pode deixar confuso o docente que tenta se utilizar da BNCC como um dos documentos norteadores de seus planejamentos e práticas no ensino fundamental. Como ele pode planejar um trabalho para a leitura literária, embasado na BNCC, sem ter uma noção objetiva do entendimento do documento sobre o conceito?

No tocante ao trecho extraído da parte sobre o campo artístico-literário no ensino médio, temos que "a prática da leitura literária [...] deve ser capaz também de resgatar a historicidade dos textos..." (Brasil, 2018: 523). Aqui, observa-se um direcionamento que nos remete a uma das vertentes do ensino de literatura, a ênfase no caráter sócio-histórico-cultural, muito comum nas aulas do ensino médio. A grande questão é, conforme já discutido no primeiro capítulo deste livro, não nos dedicarmos exclusivamente a essa vertente, mas abordá-la em diálogo com outras, tais como a ênfase no caráter artístico e linguístico dos textos literários.

E, pensando nos textos, passemos a investigar, então, o que a BNCC entende como texto literário. Talvez compreender a noção atribuída ao texto literário no documento possa nos ajudar a vislumbrar seu entendimento de leitura literária. A ocorrência *texto literário* aparece seis vezes na BNCC. Todavia, em nenhuma delas há um esclarecimento do que venha a ser um texto literário. Vejamos um excerto no qual *texto literário* aparece duas vezes e em que é representativo dos demais:

> Em relação à literatura, a *leitura do texto literário*, que ocupa o centro do trabalho no Ensino Fundamental, deve permanecer nuclear também no Ensino Médio. Por força de certa simplificação didática, as biografias de autores, as características de épocas, os resumos e outros gêneros artísticos substitutivos, como o cinema e as HQs, têm relegado *o texto literário* a um plano secundário do ensino. Assim, é importante não só (re)colocá-lo como ponto de partida para o trabalho com a literatura, como intensificar seu convívio com os estudantes. (Brasil, 2018: 499; grifos nossos)

No trecho, é possível verificar que o documento coloca o texto literário como nuclear nas aulas tanto do ensino fundamental quanto do médio, o que julgamos algo importantíssimo. Contudo, o que se considera como texto literário? Esse tipo de texto que o documento afirma que tem sido relegado "a um plano secundário de ensino", devido a uma certa simplificação didática que aborda biografias, resumos e gêneros artísticos substitutivos, não está explicitamente definido, deixando a sua compreensão a cargo de inferências. Não estaria aí, nessa falta de objetividade e definição do que venha a ser o texto literário, parte dos motivos de práticas que releguem esses textos ao segundo plano? Vale ressaltar também que outro problema do excerto é sua aparente incoerência em não considerar o cinema e as HQs como parte do campo artístico-literário, quando a própria BNCC, em um dos seus descritores, destaca essas mídias no movimento do ensino de literatura.

Com relação ao termo *literatura*, o cenário não se mostra diferente. O que se tem de mais próximo a uma definição aparece no trecho: "*Como linguagem artisticamente organizada*, a literatura enriquece nossa percepção e nossa visão de mundo. Mediante arranjos especiais das palavras, ela cria um universo que nos permite aumentar nossa capacidade de ver e sentir" (Brasil, 2018: 499; grifo nosso). Assim, a literatura é apresentada apenas como uma linguagem artisticamente organizada – em diálogo com a problemática definição clássica de Ezra Pound, em *ABC da literatura*, para quem a "grande literatura é simplesmente linguagem carregada de significado até o máximo grau possível" (2003: 32) – e que se utiliza de arranjos especiais das palavras para aumentar nossa capacidade de ver e sentir. Essa definição nos parece bastante vaga e limitada. Além disso, dialoga principalmente com o que, no capítulo anterior, afirmamos ser o caráter linguístico do texto literário.

Como vimos, com relação a uma definição do conceito de leitura literária, bem como de texto literário e de literatura, finalizamos nossa busca na BNCC sem encontrar esclarecimentos consistentes. Percebemos que os conceitos aparecem como postos, como se não demandassem maiores explicações. Todavia, por colocar o campo artístico-literário como um dos campos de atuação no qual se preconiza o trabalho com habilidades específicas, a BNCC aponta uma grande gama de comandos diretos para as práticas pedagógicas relacionadas à leitura literária. Esses comandos diretos são apresentados nas competências e habilidades que o documento preconiza. Eis alguns exemplos:

> (EF69LP44) Inferir a presença de valores sociais, culturais e humanos e de diferentes visões de mundo, em textos literários [...]. (Brasil, 2018: 157)

(EM13LP47) Participar de eventos (saraus, competições orais, audições, mostras, festivais, feiras culturais e literárias, rodas e clubes de leitura, cooperativas culturais, jograis, repentes, slams etc.) [...]. (Brasil, 2018: 425)

Na primeira habilidade destacada, vemos um comando direcionador do fazer pedagógico, para que alunos do sexto ao nono ano do ensino fundamental infiram a respeito de valores sociais e diferentes visões de mundo no contato com textos literários. Logo, atividades que suscitem esse tipo de inferências serão cobradas nos currículos, planejamentos, materiais didáticos e práticas do sexto ao nono ano do ensino fundamental. Do mesmo modo, a criação ou fomentação de eventos relacionados à literatura deverá ser feita na área de língua portuguesa, a fim de garantir a participação dos alunos do ensino médio nesses acontecimentos culturais. Esses e muitos outros comandos direcionam os currículos para um trabalho com habilidades referentes à leitura literária, impactando as práticas pedagógicas. Dos livros didáticos, por exemplo, será exigido o atendimento à abordagem dessas habilidades, sob a pena de não serem aprovados no processo avaliativo: Programa Nacional do Livro e do Material Didático (PNLD).[2]

Por todo o exposto, ainda que a BNCC não apresente discussões consistentes e que não embasem o professor com relação às suas práticas, ela apresenta habilidades que vão nortear diretamente as tarefas docentes. A percepção que temos – ao nos depararmos com uma escassez de aprofundamento teórico, junto a uma gama extensa de comandos diretos na BNCC – é a de que o professor idealizado pelo documento não precisa de um embasamento consistente a respeito de suas práticas, mas precisa ser capaz de dar conta de uma extensa gama de comandos que direcionem seus fazeres: um professor que não questiona, mas cumpre as ordens! Passemos agora a investigar outros importantes documentos: as Orientações Curriculares para o Ensino Médio e os Parâmetros Curriculares Nacionais. É relevante atentarmos a esses documentos porque, mesmo não mais vigentes após a publicação da BNCC, eles ainda influenciam (e muito!) as práticas de ensino no Brasil.

As OCEM e a leitura literária

As OCEM constituem um documento publicado em 2006 e encaminhado ao professorado do ensino médio com "a intenção de apresentar um conjunto de reflexões que alimente a sua prática docente" (Brasil, 2006: 8). Logo, propondo-se a tecer considerações que nutram a prática docente, é possível que o documento nos ajude a refletir sobre o conceito de leitura literária apresentado aos professores.

Em termos numéricos, encontramos 14 ocorrências do termo *leitura literária* nas OCEM, que possuem 240 páginas. A quantidade, entretanto, não é o que nos interessa no documento. O que buscamos são esclarecimentos que nos ajudem a construir o seu entendimento a respeito do conceito de leitura literária, a fim de que as Orientações possam embasar o planejamento de práticas pedagógicas. A esse respeito, devemos destacar que nesse documento há uma seção de seis páginas, localizada dentro da área dedicada a discutir *Conhecimentos de literatura*, que se chama "A leitura literária" e faz uma discussão sobre as especificidades desse tipo de leitura. Só com base nessas informações, já podemos supor que o conceito de leitura literária seja mais aprofundado nas OCEM do que na BNCC. Vejamos o que o documento nos diz logo na primeira ocorrência (excluindo-se o sumário) em que o termo aparece:

> Embora concordemos com o fato de que a Literatura seja um modo discursivo entre vários (o jornalístico, o científico, o coloquial, etc.), o discurso literário decorre, diferentemente dos outros, de um modo de construção que vai além das elaborações linguísticas usuais, porque de todos os modos discursivos é o menos pragmático, o que menos visa a aplicações práticas. Uma de suas marcas é sua condição limítrofe, que outros denominam transgressão, que garante ao participante do *jogo da leitura literária* o exercício da liberdade, e que pode levar a limites extremos as possibilidades da língua... (Brasil, 2006: 49; grifo nosso)

Aqui, percebemos que o termo *leitura literária* aparece, ainda antes da seção que recebe esse nome, junto a uma discussão sobre o conceito de literatura. Nela, a literatura é conceituada como um dos modos discursivos existentes, diferenciando-se dos demais porque decorre "de um modo de construção que vai além das elaborações linguísticas usuais" (Brasil, 2006: 49), sendo um tipo discursivo menos pragmático. A leitura literária é apresentada como uma espécie de jogo envolvendo o modo discursivo literário, um jogo no qual são garantidos o exercício da liberdade e alcances extremos com as possibilidades da língua. Essa definição novamente nos remete ao que, no primeiro capítulo deste livro, afirmamos estar relacionado, principalmente, ao caráter linguístico do texto literário. Tal relação é colocada de forma mais explícita no seguinte trecho das OCEM: "tomaremos a Literatura em seu *stricto sensu*: como arte que se constrói com palavras" (Brasil, 2006: 52). Assim, quanto a uma conceituação da literatura, as especificidades linguísticas parecem constituir o maior foco de atenção das OCEM.

Ao avançarmos na leitura do documento, entretanto, encontramos uma generosa discussão sobre o que vem a ser texto literário. Nela, alguns questionamentos são levantados na busca por especificidades desse tipo de texto: "Há ou não intencionalidade artística? A realização correspondeu à intenção? Quais os recursos utilizados para tal? Qual seu significado histórico-social? Proporciona ele o estranhamento, o prazer estético?" (Brasil, 2006; 57). Avaliamos que essas indagações podem ajudar os professores a construírem seus entendimentos sobre os textos literários, ainda que saibamos e concordemos com as OCEM a respeito da impossibilidade de um limite preciso entre texto literário e não literário. Assim, ratificamos o alerta feito pelo documento: "Não nos iludamos: sempre haverá, em alguns casos, uma boa margem de dúvida nos julgamentos, dúvida muitas vezes proveniente dos próprios critérios de aferição, que são mutáveis, por serem históricos" (Brasil, 2006: 57).

Como se vê, antes mesmo de chegarmos à seção denominada "A leitura literária" nas OCEM, encontramos alguns importantes esclarecimentos e definições a respeito das noções de literatura, leitura literária e texto literário. Não nos aprofundaremos nas demais ocorrências dos conceitos no documento, uma vez que eles não avançam, mas são retomados a fim de adentrarem discussões sobre itens mais específicos, tais como a importância do leitor na construção de relações literárias, o papel da escola na formação do leitor, possibilidades de mediação. Por ora, consideramos os apontamentos levantados nas OCEM pontos de partida importantes em nossa discussão sobre o que é leitura literária. Passemos ao próximo conjunto de documentos, os Parâmetros Curriculares Nacionais.

A era PCN e a leitura literária

A coleção de documentos Parâmetros Curriculares Nacionais (PCN) foi elaborada para servir de ponto de partida para as práticas docentes. Com publicações ocorridas entre o final da década de 1990 e início dos anos 2000, os PCN são divididos por etapa de escolaridade e por disciplina ou área de atuação. Aqui, ao discutir a questão da leitura literária na escola, focaremos nos volumes do ensino médio, área de *Linguagens, Códigos e suas Tecnologias*, e no volume de *Língua Portuguesa* dos anos finais do ensino fundamental.

Para a etapa final da educação básica, o documento Parâmetros Curriculares Nacionais do Ensino Médio (PCNEM) foi publicado no ano 2000 e, segundo sua apresentação, "representa uma síntese das teorias desenvolvidas, nas últimas décadas, sobre o processo de ensino/aprendizagem da língua materna e o papel que ele ocupa" (Brasil, 2000: 16). Essa síntese foi alvo de muitas críticas de professores e pesquisadores da área, pois o material se mostrou superficial demais, não aprofundando as questões a que se propunha. Por isso, no ano de 2002, foi publicado um documento complementar aos PCNEM, as Orientações Educacionais Complementares aos Parâmetros Curriculares Nacionais, chamadas de PCN+. Dada essa complementariedade, buscaremos tratar da leitura de ambos em conjunto.

Nesses dois documentos, a menção ao termo *leitura literária* não aparece. Também não há uma seção ou área específica para discutir o conceito de literatura. As discussões envolvendo o ensino da literatura aparecem, no PCNEM, dentro de uma seção denominada "Conhecimentos de Língua Portuguesa". Já no PCN+, a seção se chama "Língua Portuguesa". Em ambos, no entanto, aparecem menções "a texto literário ou leitura de textos literários". Esses usos, junto à ausência de menção ao termo *leitura literária*, podem direcionar os leitores para o entendimento de que, nesses documentos, o processo de leitura é tido sempre como o mesmo, variando apenas o material lido.

Sobre o conceito de texto literário, os PCNEM reconhecem a dificuldade de delimitação: "O conceito de texto literário é discutível. Machado de Assis é literatura, Paulo Coelho não. Por quê? As explicações não fazem sentido para o aluno" (Brasil, 2000: 16). Contudo, apesar de reconhecerem a falta de sentido nas explicações oferecidas aos alunos sobre o texto literário, os PCNEM não adentram a discussão. E o mesmo ocorre com os PCN+, que deveriam complementar as lacunas deixadas no documento anterior.

Os PCNEM chegam a citar o exemplo de uma situação de aula na qual um aluno questiona os critérios para a classificação de um autor ou texto como literário, argumentando que Drummond (que o aluno afirma achar chato) é considerado literário, ao passo que Zé Ramalho não é, apenas porque assim a escola define. Contudo, o documento não leva a situação a um aprofundamento teórico que encaminhe seu entendimento. As palavras que seguem a exposição da situação são: "Quando deixamos o aluno falar, a surpresa é grande, as respostas quase sempre surpreendentes" (Brasil, 2000: 16). Concordamos plenamente com a afirmação: a expressão do aluno é importantíssima para que ele construa conhecimentos. No entanto, devido à ausência de aprofundamento ou de uma discussão mais consistente, os PCNEM podem induzir seus leitores a interpretações equivocadas. A esse respeito, as OCEM fazem uma crítica aos PCN, mencionando o problema da "ênfase radical no interlocutor, chegando ao extremo de erigir as opiniões do aluno como critério de juízo de uma obra literária, deixando, assim, a questão do 'ser ou não ser literário' a cargo do leitor" (Brasil, 2006: 57).

Como se vê, o guerreiro professor que buscasse esclarecimentos sobre a leitura literária ou sobre o texto literário nos PCN do ensino médio poderia terminar a leitura mais confuso do que iniciou. O mesmo aconteceria com o termo *literatura*, visto como o grande diferencial das aulas de Língua Portuguesa nesta etapa de escolaridade. O mais próximo que se chega a uma conceituação nos documentos é: "A literatura é um bom exemplo do simbólico verbalizado" (Brasil, 2000: 20), no PCNEM; e "A Literatura, particularmente, além de sua específica constituição estética, é um campo riquíssimo para investigações históricas realizadas pelos estudantes" (Brasil, 2002: 19), nos PCN+. Exemplo do simbólico verbalizado? Campo riquíssimo para investigações históricas? Essas definições não nos parecem esclarecedoras. Muito pelo contrário, os documentos usam termos vagos que parecem estar embrulhados em palavras de pompa para disfarçar um vazio no conteúdo e até mesmo defender o uso da literatura numa perspectiva meramente historiográfica, como discutimos no primeiro capítulo. Buscaremos algo mais claro nos PCN da etapa de escolaridade anterior.

O documento correspondente ao ensino de língua portuguesa nos anos finais do ensino fundamental foi publicado em 1998. Nele, apesar de não haver menção ao termo *leitura literária*, há uma seção de aproximadamente uma página, destinada a discutir "As especificidades do texto literário", na qual breves discussões são iniciadas pelo seguinte parágrafo:

> O texto literário constitui uma forma peculiar de representação e estilo em que predominam a força criativa da imaginação e a intenção estética. Não é mera fantasia que nada tem a ver com o que se entende por realidade, nem é puro exercício lúdico sobre as formas e sentidos da linguagem e da língua. (Brasil, 1998: 26)

É possível perceber, nesse parágrafo inicial, uma tentativa de delimitação do texto literário, na qual se direciona o entendimento para o que ele é (forma peculiar de representação e estilo em que predominam a força criativa da imaginação e a intenção estética) e o que ele não é (mera fantasia, puro exercício lúdico). Os trechos que seguem buscam discutir, muito brevemente, particularidades linguísticas diferenciadas dos textos literários e o tratamento que a ele deve ser dado. Assim, curiosamente e apesar de muito brevemente, o documento do ensino fundamental parece apresentar um pouco mais de respaldo ao professor que busca esclarecimentos sobre o literário. Com relação ao termo *literatura*, ele não é conceituado no documento, aparecendo sempre como algo consolidado, em menções tais como: "textos das chamadas literatura infantil e juvenil", "pensar sobre a literatura", "interesse pela literatura". Nesse sentido, é importante ressaltar que a ausência de debate para o termo denota a omissão de uma discussão imprescindível ao documento, pois não há como preconizar o trabalho com algo que não tem sua definição nem ao menos discutida.

Considerações a respeito da leitura literária nos documentos oficiais

Em nosso percurso pelos principais documentos norteadores do ensino de língua portuguesa e de literatura, foi possível perceber uma enorme falta de profundidade a respeito da noção de leitura literária. Leitura esta que aparece no documento mais recente como parte de uma das dez competências básicas esperadas dos alunos na área de língua portuguesa: "Envolver-se em práticas de leitura literária..." (Brasil, 2018: 67). Essa falta de profundidade se manifestou, em maior ou menor nível, em todos os documentos percorridos. E, na ausência de elucidações sobre a noção de leitura literária, os professores são levados a compreender a leitura literária como toda leitura, em seu sentido geral, só que com um objeto específico: o texto literário ou a literatura.

A respeito das noções de texto literário e literatura, os PCN apresentam discussões pouco desenvolvidas. Curiosamente, os documentos referentes à etapa do ensino médio conseguem ser menos aprofundados e até mais confusos do que o documento do ensino fundamental. Já nas OCEM, observamos um maior aprofundamento dessas questões. Nossa crítica, nesse ponto, reside no fato de as OCEM serem destinadas aos docentes do ensino médio. Assim, algumas considerações importantes levantadas pelo documento não atingem os professores do ensino fundamental, o que só reforça a errônea noção de que esses professores não são professores de literatura.

Quanto à BNCC, o documento mais recente foi o que menos aprofundou todos os conceitos investigados. Apesar de colocar a leitura literária como uma das dez competências a serem alcançadas na área de ensino de língua portuguesa, conceitos importantes relacionados a essa competência não foram nem sequer brevemente discutidos. Como já mencionamos, estamos cientes do caráter menos teórico e mais objetivo de organizador curricular mínimo da Base. Contudo, entendemos não ser possível mencionar leitura literária dentro das competências e habilidades preconizadas pelo documento sem discuti-la, ainda que brevemente. As noções de leitura literária, texto literário e literatura aparecem como dadas, isto é, postas como se não demandassem nenhuma discussão, como se fossem muito óbvias ou consensuais, quando, definitivamente, não o são. Nesse sentido, parece que, no tocante à questão de um esclarecimento sobre leitura literária, a BNCC espera que os dilemas e alertas sobre a dificuldade de se delimitar o conceito de literário, mencionados nas OCEM, estejam todos resolvidos para o corpo docente e sabemos que não estão.

Desse modo, sem um respaldo quanto à delimitação da noção de leitura literária nos documentos oficiais e por conta de uma série de fatores que envolvem a falta de recursos, de tempo e de condições para o preparo das aulas, muitos professores acabam fundamentando suas práticas nos livros didáticos. Portanto, passemos a algumas considerações e exemplos sobre como esses materiais apresentam, discutem e orientam a prática da leitura literária nas salas de aula.

A LEITURA LITERÁRIA NOS LIVROS DIDÁTICOS: ALGUMAS CONSIDERAÇÕES E EXEMPLOS

Como todos sabemos, os livros didáticos ocupam um lugar de destaque em grande parte das práticas docentes brasileiras. Em muitas escolas, recursos mínimos para o fazer pedagógico se mostram ausentes ou insuficientes. Contudo, graças à distribuição pelo Programa Nacional do Livro e do Material Didático (PNLD), os livros didáticos costumam chegar às salas de aula tornando-se, em muitos contextos, os recursos mais elaborados disponíveis para o uso. Dada essa importância – mesmo cientes de que a relevância dos livros didáticos não se dê da mesma forma em todas as escolas, pois há aquelas com disponibilidade de recursos outros e nas quais os livros didáticos não são solicitados ou, se são, não chegam sequer a ser abertos –, consideramos relevante olhar para esses materiais, a fim de verificar o que sinalizam a respeito da leitura literária, do texto literário e da literatura. Afinal, eles são materiais que passam por um criterioso processo de análise para se ajustar ao que preconizam os documentos que regem o ensino no Brasil.

Antes de iniciarmos, porém, esclarecemos que nosso objetivo não é o de uma análise aprofundada da questão literária nos livros didáticos. Precisaríamos de um livro inteiro e extenso só para essa questão (e talvez ainda não daríamos conta!). O que pretendemos, nesta seção, é registrar uma pequena amostra representativa de nossas experiências e pesquisas com e sobre o uso de livros didáticos na prática docente. Para isso, selecionamos o primeiro volume da coleção mais distribuída no PNLD 2018 para o ensino médio – coleção *Português Contemporâneo: diálogo, reflexão e uso*, dos autores William Cereja, Carolina Dias e Christiane Damien –, além do primeiro volume de uma das coleções aprovadas no PNLD 2020 para o ensino fundamental[3] – coleção *Singular & Plural: leitura, produção e estudos de linguagem*, das autoras Marisa Balthasar e Shirley Goulart –, para tecermos algumas considerações.

No volume selecionado do ensino médio, focamos em como os conceitos de literatura, leitura literária e texto literário são apresentados. Geralmente, uma breve conceituação é feita no primeiro capítulo do livro do primeiro ano, numa espécie de introdução à disciplina de Literatura. Já no volume do sexto ano do ensino fundamental, analisamos gêneros, autores e textos utilizados nas seções de leitura. Assim, será possível ter uma noção da abordagem da leitura literária no início das etapas do ensino médio e fundamental II. Nos livros de ambas as etapas de escolaridade, nos detivemos na análise dos volumes destinados ao professor, pois eles apresentam, além da didatização oferecida ao aluno, orientações que encaminham as práticas docentes.

Comecemos pelo volume do ensino médio. O primeiro capítulo se inicia com a pergunta *O que é literatura?* Em seguida, há uma atividade de leitura na qual três textos são abordados: o poema "José", de Carlos Drummond de Andrade, a colagem "Homem nu agachado no ar", de Ewan Fraser, e a letra da canção "Tem alguém aí", de Gabriel, o Pensador. As atividades que se seguem focalizam a interpretação do poema, destrinchando suas partes e chamando a atenção dos alunos para os significados que elas produzem. Uma das atividades menciona brevemente o contexto histórico do ano de publicação do poema e direciona a construção de significados a partir do contexto. Os demais textos são usados para estabelecer um diálogo temático com o texto poético. Não há nenhuma questão que suscite os alunos a expressarem suas impressões sobre leituras realizadas ou sobre diálogos que eles possam ter estabelecido entre os textos lidos e situações ou outros textos de seus conhecimentos.

Em seguida, o livro aborda a dificuldade de se conceituar literatura e apresenta dois textos. O primeiro é um excerto do livro *Literatura: leitores & leitura*, no qual Marisa Lajolo afirma haver várias respostas para a pergunta "O que é literatura?". No trecho, Lajolo também menciona o fato de cada tempo e grupo social ter uma resposta específica para a questão. Além disso, apresenta alguns critérios que, ao longo dos tempos, têm sido usados para tentar identificar o que torna um texto literário, critérios como "o tipo de linguagem empregada, as intenções do escritor, os temas e assuntos de que trata a obra, o efeito produzido pela sua leitura..." (Lajolo, 2001: 26). O trecho termina com a conclusão de que todos os critérios são válidos para se pensar a literatura, cada um dentro de um contexto. O segundo texto é uma citação de "O direito à leitura",[4] publicado em *Textos de intervenção*, na qual Antonio Candido aborda a literatura em sua forma mais ampla possível, denota seu caráter de necessidade universal a todos os seres humanos e defende a saciedade dessa necessidade como um direito.

Após os dois textos, há questões de compreensão, nas quais existe a solicitação de que os alunos retomem as definições apresentadas e expressem seus entendimentos a respeito do conceito de literatura. A última questão solicita que os alunos elenquem expressões literárias próprias do nosso tempo e que não tenham sido citadas por Antonio Candido. Tal questão reforça a afirmação do trecho de Lajolo sobre a delimitação do conceito de literatura depender de fatores sociais e temporais. Na sequência das questões, há breves discussões sobre funções da literatura e menções à literatura como arte da palavra, recriação da realidade, prazer, experiência, interação ou transformação. Em cada uma das menções, há retomadas ao poema de Drummond ou a trechos de outros autores para exemplificar o conceito de literatura atribuído a cada função. Atividades não são propostas nessa parte.

Em prosseguimento, há dois breves parágrafos que abordam a literatura oral, mencionando que, apesar de a palavra *literatura* se formar de um radical (*littera*), que significa escrita, manifestações literárias já existiam muito antes do advento da escrita. Manifestações literárias estritamente orais presentes em povos da Amazônia e de África são citadas como exemplos, junto à informação de que muitos estudiosos denominam esse tipo de literatura de *oratura*.

Por fim, a seção "Estilos de época", última parte destinada ao estudo da literatura no capítulo, informa que as transformações ocorridas no campo da literatura são estudadas pela história da literatura, sendo divididas em períodos, estilos ou estéticas literárias. Um quadro com a periodização da literatura brasileira encerra a seção, dando lugar a um pequeno resumo do assunto desenvolvido ao longo do capítulo.

Aproveitando esse recurso didático de resumir os assuntos discutidos, podemos afirmar que, em síntese, o capítulo destinado a apresentar o conceito de literatura aos iniciantes da etapa do ensino médio suscita aprendizados importantes: 1) o uso do eixo temático para demonstrar a possibilidade de diálogo entre um texto considerado literário e outras manifestações artísticas; 2) trechos de textos de especialistas da área de literatura que discutem a definição do conceito em uma linguagem simples e acessível; e 3) informações teóricas breves, porém consistentes, a respeito de questões relacionadas à literatura (funções, oralidade/escrita e estilos de época). Desse modo, parece-nos que o aspecto teórico do material é bastante consistente e embasado. Contudo, na parte mais prática, isto é, nas atividades que são propostas a partir dos textos, percebemos uma abordagem pedagógica propiciadora do estabelecimento de conexões entre os textos previamente selecionados, mas pouco convidativa à expressão de diálogos pessoais que os alunos possam estabelecer com os textos. A sensação é a de que existe um medo de questões mais abertas a diálogos múltiplos. A maior parte das questões direciona os alunos para respostas padronizadas, e isso, de certa forma, esvazia um pouco o sentido da leitura literária na escola, fazendo-a parecer aprisionadora e não libertadora. Parecem faltar atividades que suscitem o compartilhamento de percepções de ordens afetivas ou estéticas vivenciadas pelos alunos durante as leituras.

Quanto aos demais textos abordados ao longo do volume, predominam textos clássicos e representativos dos períodos literários abordados: trovadorismo, classicismo, literatura de informação, barroco e arcadismo. Assim, ganham destaque autores canônicos como Gil Vicente, Camões, Gregório de Matos, Pe. Antônio Vieira, Cláudio Manoel da Costa, Tomás Antônio Gonzaga e Basílio da Gama. Vale destacar que o estabelecimento de pontes entre os textos desses autores com outros textos mais contemporâneos ou outras manifestações artísticas é feito ao longo dos capítulos. Assim, o livro procura promover diálogos entre os clássicos da literatura e pinturas, textos da literatura de cordel, canções etc. Feitas essas considerações, passemos ao material do ensino fundamental.

Conforme já dito no primeiro capítulo, o ensino de literatura só começa a ser sistematizado durante o ensino médio. Contudo, desde a educação infantil, a literatura se faz muito presente nas escolas, sendo abordada de forma lúdica nos anos iniciais, em poemas e narrativas durante a etapa de alfabetização, além de acompanhar os alunos em atividades de leitura durante os anos finais desse segmento de ensino. Nos livros do sexto ao nono ano, costuma ser comum a presença de fábulas, contos maravilhosos e fantásticos, mitos, lendas, crônicas, poemas, fragmentos de romance, relatos de memória, peças teatrais, entre outros gêneros considerados da esfera literária. Esses textos se alternam com outros pertencentes a diferentes esferas, como a jornalística, a didática e a publicitária. Vejamos como isso ocorre no volume do sexto ano da coleção *Singular & Plural*. Para isso, organizaremos um quadro no qual apresentamos os textos, autores e gêneros usados como base nas seções de leitura.

É importante ressaltar que existem várias outras seções que se utilizam de textos, inclusive literários, como base para as suas atividades, todavia, o foco delas não é o trabalho específico com a leitura. As seções de produção textual, por exemplo, trazem textos a serem lidos, junto a atividades que orientam os alunos na escrita de novos textos no mesmo gênero. Os tópicos referentes aos conteúdos linguísticos e gramaticais, por sua vez, utilizam textos de gêneros variados em suas explicações e atividades. Ao final das unidades, também há uma seção chamada "Galeria". Nela, há "textos e imagens relacionados ao estudo do capítulo que foram selecionados para instigar novas reflexões e ampliar o repertório de conhecimentos" (Balthasar e Goulart, 2018: 7). Desse modo, uma quantidade bastante generosa e variada de textos permeia todas as seções do livro. Em virtude dos objetivos da nossa discussão, optamos por selecionar os textos das seções nas quais o sumário do livro demonstra focar na leitura.

Quadro 1 – Textos usados como base para as atividades de leitura no volume do sexto ano, da coleção *Singular & Plural*

Texto	Autor	Gênero
Fazendo meu filme	Paula Pimenta	Romance (trecho)
"Em busca de histórias de..."	Rodrigo Russo	Notícia
"O fotógrafo que é cabinha..."	Samuel Macedo	Relato
Meu avô Apolinário: um ...	Daniel Munduruku	Narrativa infanto-juvenil
Infância	Graciliano Ramos	Romance (trecho)
"MC Sofia: rapper de 12..."	Larissa Lins	Notícia
"Carta ao leitor: a felicidade..."	Alexandre Verssignassi	Carta ao leitor
"Adolescentes ciganos"	Rev. de Direitos Humanos	Entrevista
O garoto de camisa vermelha	Otávio Júnior	Narrativa infanto-juvenil
O livreiro do Alemão	Otávio Júnior	Narrativa infanto-juvenil
"Fotografias"	-	Fotografia
"Gráfico: proporção de..."	-	Gráfico
"Por que estas entidades..."	-	Reportagem
Boitempo	Carlos Drummond de Andrade	Poema
Boi tenho (fragmentos)	Elisa Lucinda	Poema
Canção de ver (fragmentos)	Manoel de Barros	Poema
"Macacos infectados pela..."	*National Geographic*	Reportagem
"Lei antibullying reforça..."	*Revista Carta Educação*	Reportagem
"Adolescentes nunca..."	*Rev. Superinteressante*	Reportagem
"Anhanguera, abacaxi, Tietê..."	Blogs de Ciência	Reportagem
"De onde vêm as ideias para os..."	Lucas Miranda	Reportagem
"Uma saga musical"	Gabriela Romeu	Resenha
Cena da peça teatral...	Zeca Baleiro	Dramático
João Serra Madeira (cena 2)	Zeca Baleiro	Dramático
Jacarandá (cena 5)	Zeca Baleiro	Dramático

No Quadro 1, é possível perceber que quase metade dos textos usados como base das atividades de leitura se enquadra em gêneros considerados como da esfera literária. Além disso, alguns desses textos pertencem a autores consagrados no campo literário escolar, tais como Graciliano Ramos, Carlos Drummond de Andrade e Manoel de Barros. Autores mais contemporâneos também parecem estar ganhando espaço em alguns livros didáticos. É o caso de Paula Pimenta, autora de sucesso comercial entre o público infantil e juvenil, e Daniel Munduruku, escritor e professor pertencente à etnia indígena mundurucu, reconhecido com Menção Honrosa do Prêmio Literatura para Crianças e Jovens na Questão da Tolerância, entre outros prêmios. Assim, seja pela força da popularidade comercial, seja pelo reconhecimento advindo de prêmios da área literária, os livros didáticos do ensino fundamental parecem estar buscando um diálogo mais próximo com as literaturas infantis e juvenis contemporâneas. Tenhamos agora uma ideia de como os textos da esfera literária são abordados no livro.

Na abordagem dos textos da esfera literária, o livro costuma trazer, logo após o texto, uma seção denominada "Primeiras impressões". Nela, além de perguntas sobre a compreensão básica do texto, aparecem questões nas quais os alunos são convidados a expressar sensações, preferências, identificações e fazer inferências mais pessoais com o texto. O manual do professor sugere que essas atividades sejam realizadas oralmente, em uma espécie de roda de conversa, em favorecimento à habilidade EF60LP46 da BNCC. Em uma consulta no documento, vemos que essa habilidade é preconizada para o campo artístico-literário e remete a

> Participar de práticas de compartilhamento de leitura/recepção de obras literárias/manifestações artísticas, como rodas de leitura, clubes de leitura, eventos de contação de histórias, [...] dentre outros, tecendo, quando possível, comentários de ordem estética e afetiva e justificando suas apreciações, escrevendo comentários [...] dentre outras possibilidades de práticas de apreciação e de manifestação da cultura de fãs. (Brasil, 2018: 157)

Desse modo, seguindo a orientação da BNCC de que os alunos participem de práticas de compartilhamento de leitura e recepção de obras literárias, o livro apresenta questões que abordam aspectos de ordens afetivas e estéticas. Como exemplos, destacamos algumas perguntas encontradas na seção "Primeiras impressões":

> Que sensações a leitura do início do texto lhe causou: a de que a criança viu almas ou não viu? Por que você acha que o narrador conseguiu causar esse efeito em você?
> De qual personagem do texto você mais gostou? Por quê?
> (Balthasar e Goulart, 2018: 54)
>
> Que relações vocês estabeleceriam entre a pintura e o poema que leram?
> O que mais chamou sua atenção no modo como a linguagem é usada no poema? Escolha trecho(s) como exemplo e comente.
> (Balthasar e Goulart, 2018: 169)

Tais questões, como já mencionado, aparecem junto a outras que suscitam a expressão de entendimentos básicos sobre os textos. Em seguida, há uma seção denominada "O texto em construção", na qual aspectos linguísticos são enfocados em atividades que levam a uma interpretação mais aprofundada do texto.

Vale destacar que, dentro da seção de pressupostos teórico-metodológicos do volume do professor em questão, encontramos referências a uma gama variada de pesquisadores e perspectivas. A subseção destinada à discussão sobre o campo artístico literário da BNCC, por exemplo, é iniciada por uma citação de Roland Barthes; há também uma menção às contribuições dos estudos do Círculo de Bakhtin para o embasamento de documentos oficiais; uma apresentação de uma noção de experiência estética fundamentada nos estudos de Hans Robert Jauss (2002), além de uma citação de Roxane Rojo (2012) para trazer à baila o conceito de multiletramentos; e, por fim, há ainda uma referência à literatura como direito, apoiada em Antonio Candido. Como se vê, além da influência do documento, reverberações de campos diferentes, tais como dos estudos discursivos da linguagem, da teoria literária e da estética da recepção se mesclam na composição do material.

Por todo o exposto, concluímos que a amostra de material destinado ao sexto ano ratifica a nossa percepção, como professores e pesquisadores, sobre o fato de a leitura literária ser abordada de uma forma menos aprisionadora nos livros didáticos do ensino fundamental. A menção direta ao trabalho com a habilidade de participação em práticas de compartilhamento de leitura/recepção de obras literárias, preconizada na BNCC e exigida no edital do PNLD, certamente tem grande peso na presença das questões destacadas. Contudo, nossa experiência na docência de ambos os segmentos já nos sinalizava para a percepção de questões um pouco mais abertas à partilha de comentários de ordem afetiva e estética com os textos na etapa do ensino fundamental, e os pressupostos teórico-metodológicos usados na obra parecem sustentar essa nossa percepção.

Por fim, reiteramos nossa observação sobre o fato de as considerações tecidas nesta seção estarem embasadas sobretudo em nossa experiência como professores usuários de livros didáticos e pesquisadores que se debruçam a investigar a leitura literária nesses materiais. Não intencionamos generalizações a respeito das breves análises aqui realizadas. Elas se aplicam aos materiais selecionados. Todavia, dada a representatividade desses materiais – exemplar da coleção mais distribuída no PNLD 2018 e exemplar da coleção aprovada no PNLD 2020 com maior distribuição no programa anterior –, julgamos ser uma amostragem bastante significativa e propiciadora de reflexões sobre a leitura literária em muitos contextos da educação básica.

O QUE DIZEM OS QUE SE DEDICAM A PESQUISAR E A VIVER DA LITERATURA?

A respeito de uma definição ou delimitação do conceito de literatura, os únicos consensos parecem ser a existência de múltiplas definições e a dificuldade de se elaborar uma definição objetiva e que abarque a complexidade envolvida na questão. Como exemplo, retomemos o trecho de Marisa Lajolo (2001), já abordado neste capítulo por estar presente em material didático do ensino médio:

> *O que é literatura?* é uma pergunta complicada justamente porque tem várias respostas. E não se trata de respostas que vão se aproximando cada vez mais de uma grande verdade, da

verdade-verdadeira. Cada tempo e, dentro de cada tempo, cada grupo social tem sua resposta, sua definição. Respostas e definições – vê-se logo – para uso interno. (Lajolo, 2001: 26)

De acordo com a autora, existem, portanto, variadas definições para o conceito de literatura, e cada uma delas é apropriada ao seu contexto e ao critério que foi utilizado como base para a definição. Se o critério for *o tipo de linguagem empregada*, a literatura costuma ser definida como a arte das palavras, isto é, como a manifestação artística que tem como objeto o verbal, trabalhado de modo a atingir expressividade – tal como Olavo Bilac (2001: 236) bem aponta em alguns de seus poemas, dentre os quais destacamos um trecho de "A um poeta":

A um poeta

Longe do estéril turbilhão da rua,
Beneditino, escreve! No aconchego
Do claustro, na paciência e no sossego,
Trabalha, e teima, e lima, e sofre, e sua!

Mas que na forma se disfarce o emprego
Do esforço; e a trama viva se construa
De tal modo, que a imagem fique nua,
Rica mas sóbria, como um templo grego.

O poema é comumente citado como exemplar do parnasianismo. Nele, o rigor formal – marcado por meio de versos muito trabalhados, com rimas bastante elaboradas e raras, além de uma linguagem rebuscada – constitui característica marcante, fazendo com que seja imediatamente associado ao ideal da *arte pela arte* da estética literária parnasiana. O poema, assim como o ideal que ele representa, exemplifica bem a visão de literatura como a arte das palavras, em que seu escritor "Trabalha, e teima, e lima, e sofre, e sua!", a fim de encontrar a forma mais bela, mais rara e mais expressiva de usar a linguagem – literária, portanto. Se pensarmos nessa característica, podemos imaginar a força que a definição de literatura como arte das palavras tinha durante a época de efervescência parnasiana. Essa força, situada naquele contexto da segunda metade do século XIX, ratifica o comentário de Lajolo (2001 sobre o fato de cada uma das definições de literatura se aplicar mais a um tempo e, dentro de cada tempo, a um grupo de pessoas.

Em contrapartida, se pensarmos no modernismo ou em muitas produções contemporâneas, costumeiramente chamadas de literatura periférica – mas que, em nosso quarto capítulo, definimos como literatura de reexistência –, vemos que há, para ser literatura, uma opção por outro tipo de linguagem, uma linguagem menos padrão. E vemos que essa escolha é relevante e se soma ao critério referente *aos temas e assuntos de que trata a obra*. Assim, para o alcance da intencionalidade artística das obras, não seria relevante a escolha de uma escrita padrão semelhante ao ideal parnasiano de arte pela arte. É o que nos revela Sérgio Vaz (2016: 129), poeta morador da periferia paulista, em seu texto "Na Fundação Casa":

Na Fundação Casa...

– Quem gosta de poesia?
– Ninguém senhor.

Aí recitei "Negro drama" dos Racionais.

– Senhor, isso é poesia?
– É.
– Então nóis gosta.

É isso. Todo mundo gosta de poesia.
Só não sabe que gosta.[5]

Nesse texto, o poeta descreve uma cena ocorrida em um chamado Centro de Atendimento Socioeducativo ao Adolescente, a Fundação Casa. Nela, quando os jovens da instituição afirmam não gostar de poesia, eles, possivelmente, não estão pensando em uma definição de poesia (e de literatura!) como uma arte que provoca reconhecimento e identificação. O poeta, então, reconfigura essa definição, mostrando que o conceito é amplo e libertador, não aprisionador. Isso leva os jovens a estabelecerem outra relação com o conceito de poesia e a gostar dela.

Ampliando as considerações sobre o conceito de poesia para o de literatura, temos que a literatura pode, também, ser definida pelo critério de temas e assuntos abordados, em uma forma de arte com as palavras que permite o *reconhecimento e a identificação do leitor*. Esse critério pode ser relacionado a outro, a dos *efeitos produzidos pela obra*, e ligar-se a características como a *subversão das regras linguísticas consideradas padrão*. Por tais critérios e características, podemos conceber a literatura como um jogo de palavras que emociona, toca, subverte, desperta sensações e sentimentos.

Ao comparar a visão de literatura nos poemas de Olavo Bilac e Sérgio Vaz, novamente se ratifica a defesa de Lajolo (2001) sobre cada critério de definição da literatura poder ser mais significativo dentro do seu contexto. "A um poeta" evidencia uma visão de literatura que se caracteriza, principalmente, pelo esmero do trabalho com as palavras em sua forma, ao passo que "Na Fundação Casa" salienta uma visão de literatura que aposta mais no conteúdo temático que na forma como critério de reconhecimento e identificação.

Outro critério muito utilizado para conceituar literatura é o que envolve a literatura como *prazer*. Trata-se de um critério polêmico, que já vem sendo abordado desde os PCN e foi reiterado nos documentos posteriores revestido da ideia de *fruição*. No caso dos PCN, a associação da literatura com o prazer deve-se à influência do livro *O prazer do texto*, de Roland Barthes, citado nos documentos. Outro motivo preocupante ao se eleger tal critério como conceito de literatura é reduzir o ler por ler na sala de aula, importando apenas a quantidade de leitura.

Programas de leitura do governo, tal como o Programa Nacional Biblioteca da Escola (PNBE), nos parecem enfatizar esse aspecto do ler por ler. Vale lembrar que nas edições do PNBE intituladas *Literatura em minha casa* (de 2001 a 2005), os alunos receberam *kits* com livros para levarem para casa, lerem livremente, realizarem trocas com os colegas e familiares, sem maiores pretensões pedagógicas.[6] Também não se pode esquecer do Programa Nacional de Incentivo à Leitura (PROLER), que formou uma geração de pessoas preocupadas com a leitura livre e que ganhou muita força sobretudo no interior do Brasil.

Na França, a noção de leitura livre começou a ser preconizada nos documentos oficiais nos anos 1980. Lá, tal prática é chamada de leitura cursiva e se diferencia da leitura analítica, que foi vista como algo que afastava os jovens da leitura literária. No campo da formação e da teoria literária, livros como *A literatura em perigo*, de Tzvetan Todorov, e

Os direitos do leitor, de Daniel Pennac, se mostram bastante afinados com a ideia de leitura livre e com a ênfase no aspecto perigoso da leitura analítica.

Em comum a essas abordagens, parecem estar questionamentos importantes: como avaliar o prazer sentido na leitura? Como fica a avaliação do prazer no caso da leitura de histórias angustiantes, tristes ou trágicas? Sentir prazer ao ler o sofrimento alheio, ainda que ficcional, não denotaria a nossa crueldade? Como avaliar a questão do prazer diante da obrigatoriedade das atividades de leitura literária na escola, uma vez que prazer nos remete justamente à ausência de obrigatoriedade? Esses e outros questionamentos são pertinentes e demandariam muitas páginas para serem problematizados com aprofundamento. Aqui, diante dos objetivos do capítulo, limitamo-nos a considerações breves a respeito de cada um dos questionamentos que elencamos.

A primeira consideração relaciona-se ao fato de o prazer ser um conceito subjetivo e, portanto, muito complicado de se avaliar. Entretanto, se pensarmos que talvez ele possa ser relatado, no caso de leituras angustiantes, tristes ou que envolvam tragédias, o prazer pode estar na possibilidade de ampliar experiências, mesmo que elas sejam vivenciadas por meio de um mundo ficcional. O mesmo se aplica durante a leitura que denota o sofrimento alheio. Vivenciar esse sofrimento na categoria do outro e do ficcional pode ampliar o leque de experiências e inclusive mobilizar uma dimensão ética que se direcione para a não aceitação da crueldade no mundo real. Por outro lado, se pensarmos que o ser humano tem, sim, um lado cruel, não seria melhor que esse lado fosse vivenciado apenas na categoria do ficcional, por meio da literatura e de outras manifestações artísticas?

Quanto ao dueto 'obrigatoriedade' *versus* 'prazer' nas atividades escolares de leitura literária, precisamos ter em mente que a escola tem um papel que vai além da oferta de textos a serem lidos. A esse respeito, Magda Soares nos alerta que o processo de escolarização do texto que adentra os espaços formais de educação é inevitável "porque é da essência mesma da escola, é o processo que a institui e que a constitui" (Soares, 2011: 21). Logo, dentro das salas de aula, o processo de leitura literária não escapa a uma certa didatização ou sistematização. Mas isso não significa que esse processo deva alijar a literatura de uma de suas características mais marcantes. Por isso, Soares (2011) sugere o uso dos adjetivos *adequada* ou *inadequada* para se referir ao processo de escolarização da leitura literária. Uma escolarização adequada não mataria o que a leitura literária pode oferecer, muito pelo contrário, ajudaria na construção de saberes para que, progressivamente, os alunos ampliem suas possibilidades com as dimensões afetivas e estéticas na leitura dos textos.

Associado a todas essas questões que envolvem o modo como a escola lida com o texto literário está o fato de que a cognição humana é sempre situada. Isso significa dizer que ajustamos o nosso modo de pensar aos locais e contextos nos quais estamos inseridos. Os ajustes que fazemos são baseados nas experiências prévias que tivemos em tais espaços. Assim, ao longo da vida e, mesmo que de modo não intencional, construímos nossos modos de pensar e de nos comportar nos espaços (daí a insegurança que costumamos ter quando precisamos nos expressar em espaços ou contextos novos, pois ficamos sem modelo). Por isso, todas as experiências que compõem a cognição escolar,[7] tanto dos alunos quanto dos professores, estarão presentes nos modos de ler, sentir, compreender e experienciar a leitura literária dentro da escola.

Como se vê, o tema da leitura literária como prazer (fora e sobretudo dentro da escola) é polêmico e demandaria discussões mais detalhadas e que não objetivamos adentrar. Todavia, consideramos que a retomada das palavras de Antonio Candido, já aqui citadas por estarem presentes num dos livros didáticos analisados, pode nos ajudar a pensar essa e outras questões levantadas, bem como as muitas aqui não mencionadas, mas que a discussão pode ter suscitado no leitor. Para compreendermos a complexidade que envolve o conceito de literatura, precisamos, primeiramente, concebê-la em seu sentido amplo, aquele a que Candido se refere e que compreende "todas as criações de toque poético, ficcional ou dramático em todos os níveis de uma sociedade" (Candido, 2011: 176).

Ao defender o direito à literatura, Candido leva em conta que toda pessoa, independentemente de seu nível de escolaridade ou posição social, tem o direito ao prazer e à possibilidade de ampliação de experiências e de esferas de existência proporcionadas pelo contato com essa arte.

Além disso, todos têm o direito de se apropriarem da literatura por meio do sentimento de identificação, tal como sugerido no poema de Sérgio Vaz. E a escola desempenha papel importante no tocante ao direito à literatura, seja dificultando-o, por meio de uma escolarização inadequada, seja contribuindo para a sua garantia, com uma escolarização adequada, tal como proposto por Soares (2011).[8]

O NOSSO (RE)PENSAR
SOBRE LITERATURA E LEITURA LITERÁRIA

Literatura ou *leitura literária?* Vimos, ao longo de todo este capítulo, que tais termos, muitas vezes, figuram como sinônimos em documentos e pesquisas relacionadas ao ensino de literaturas ou à leitura literária na escola. Todavia, observamos que o termo *leitura literária* parece ser mais recente e sua presença oscila nos documentos aqui investigados, revelando posicionamentos implícitos.

Neide Rezende (2013) nos chama a atenção para o significado conceitual e potencial que a diferença de usos implica. "Trata-se de um deslocamento considerável ir *do ensino de literatura para a leitura literária*, uma vez que o primeiro se concentra no polo do professor e o segundo, no polo do aluno" (Rezende, 2013: 106). Assim, observamos uma oscilação no foco dos documentos oficiais sobre os quais nos debruçamos neste capítulo. Os da era PCN não mencionam o termo *leitura literária*. As OCEM abordam o termo, com um início de aprofundamento, uma vez que, logo na introdução de suas considerações a respeito dos *conhecimentos de literatura*, apresentam uma discussão sobre o assunto, comparando a leitura literária a um jogo no qual existe "o exercício da liberdade, e que pode levar a limites extremos as possibilidades da língua" (Brasil, 2006: 49). A BNCC, por sua vez, parece regredir no tempo, pois menciona o termo duas vezes, mas não faz nenhuma consideração a respeito.

A partir dessas observações, podemos inferir dos documentos que, implicitamente, eles direcionam o fazer pedagógico para um ensino mais transmissivo, com foco no professor, ou para uma prática mais focada no papel ativo do aluno, o que nos parece mais coerente como proposta educativa. Dito isso, continuemos o nosso repensar sobre a questão do literário e da leitura literária.

A respeito de questões tão subjetivas e complexas não se podem esperar definições objetivas ou diretas. Isso seria simplista, e nós, professores de línguas e literaturas, ainda que tenhamos o desejo de direcionamentos mais objetivos e menos nebulosos a respeito dos nossos objetos de trabalho, precisamos sempre nos lembrar de que estamos situados no campo das humanidades. Nele, há a noção de intersubjetividades, que constitui os seres, as relações que eles estabelecem com tudo que os cerca e as definições que criam e recriam a partir das possibilidades de cada contexto.

Nesse sentido, dadas as condições de pensabilidade forjadas nos elos da cadeia ininterrupta de pensamentos que nos trazem ao contexto que temos hoje, podemos ir além de respostas simplistas e baseadas apenas em critérios como o respaldo de críticos ou nomes de peso: *É literário porque tal crítico assim afirma!* ou *É literário porque foi escrito por um autor consagrado!* Esse tipo de entendimento não nos satisfaz, uma vez que é arbitrário e autoritário. Considerar uma leitura como literária por acreditar que a literariedade é uma característica presente somente no texto seria desprezar a noção de leitura como integração entre texto e leitor em diferentes contextos sociais, históricos e culturais. Nesse ponto, percebemos não ser possível discutir leitura literária sem, antes, discutir leitura em um sentido mais amplo. Por isso, antes de prosseguir no assunto do que torna uma leitura literária, passamos a uma breve discussão sobre as principais teorias e noções que envolvem o conceito de leitura.

A respeito da definição de leitura, temos que ela também não é única e objetiva. Em seu sentido mais amplo, leitura é a interpretação que fazemos de sinais, não somente gráficos, presentes em todas as situações com as quais nos deparamos. Lemos os gestos e as expressões faciais das pessoas e percebemos se estão alegres, tristes, bravas; lemos os sinais do clima no céu, nas nuvens, no ar e nos damos conta de que a humanidade precisa rever seu modo de lidar com o planeta. Lemos todos, tudo e a todo instante. Ciente disso, Paulo Freire, em *A importância do ato de ler* (2011: 19), nos diz que "a leitura do mundo precede a leitura da palavra". Assim, desde que começamos a nos relacionar com o mundo, vamos iniciando nossas leituras. E, nesse sentido amplo, é fácil perceber que de um mesmo acontecimento pessoas diferentes fazem leituras diferentes. Há quem não leia, por exemplo, a urgência em se rever os modos de viver e consumir neste planeta. Por isso, há quem diga, no senso comum, que leituras são espelhos, refletem o leitor.

Direcionando nossos olhares para a noção de leitura em seu sentido mais específico, leitura de textos verbais, temos que ela pode ser interpretada a partir de teorias advindas de áreas diferentes, tais como as ciências cognitivas, os estudos discursivos da linguagem e os estudos de letramentos. Essas teorias – tal como já apontava Angela Kleiman, em seu livro *Texto e Leitor: aspectos cognitivos da leitura*, com sua primeira edição publicada ainda no final da década de 1980 – não são incompatíveis umas com as outras, apenas apontam para objetivos e focos de análise distintos, mas se entrecruzam e se complementam em suas discussões.

As teorias das ciências cognitivas, no tocante à leitura, têm como foco os processos mentais envolvidos no ato de ler. Com esse alvo, essas teorias investigam como se dá a produção de sentidos na mente durante a leitura, qual a importância dos conhecimentos prévios do leitor, qual o papel da definição de objetivos no processo. As teorias discursivas, por sua vez, estão mais centradas nas questões de uso da linguagem dentro dos contextos enunciativos. Já as teorias de letramentos concentram-se, sobretudo, nos processos sócio-históricos e culturais concernentes à leitura – discutiremos mais sobre teorias dos letramentos no próximo capítulo. Como se pode deduzir, todas essas áreas se entrecruzam, uma vez que os processos mentais da leitura ocorrem dentro de um dos tipos de uso da linguagem, que são sempre construídos em contextos enunciativos, proporcionados por processos sócio-históricos e culturais.

Logo, dado o modo imbricado como tais teorias se mostram, junto à intenção de tecer discussões sobre ensino de literaturas e práticas de letramentos literários, este livro aborda, ao longo de seus capítulos, noções que englobam teorias das três grandes áreas mencionadas. Neste ponto específico do texto, ao esmiuçar as particularidades do ato de ler, debruçamo-nos brevemente sobre as contribuições das ciências cognitivas, que estabelecem três modelos de leitura, cada um focado em um dos pontos do processo mental de quem lê: *modelo ascendente*, *modelo descendente* e *interacional*.

O modelo ascendente, também chamado de *bottom up*, é aquele centrado no texto. Segundo esse modelo, o foco principal do processo de leitura encontra-se na superfície do texto, cabendo ao leitor decodificar o material linguístico para obter o sentido do texto. Ler, nesse sentido, é basicamente extração de informações. No outro extremo, temos o modelo descendente, ou *top down*. Nesse caso, o foco recai sobre o leitor e as contribuições que ele leva para a sua leitura: seus conhecimentos de mundo, de texto, os objetivos da leitura, as previsões que faz para o texto. Leitura, nessa perspectiva, é criação, construção que depende mais do leitor que do texto.

Conciliando as duas abordagens anteriormente mencionadas, o modelo *interacional* de leitura distribui seu foco entre os dois extremos: texto e leitor. Para esse modelo, o centro de atenção na análise do processo de leitura deve recair sobre a *interação* que se estabelece entre texto e leitor. A leitura seria, então, uma espécie de negociação de sentidos na qual o peso de elementos dos dois extremos envolvidos devem ser proporcionais. O texto fornece pistas, indícios de sentidos que devem ser completados pelas informações que o leitor leva em conta no ato da leitura do texto, que se caracteriza, portanto, como um processo interacional. Vale ressaltar que tal interação, numa visão social e política das teorias interacionais, se dá também entre contextos micro e macro de realização da leitura. Logo, contexto sociais, culturais e históricos estão sempre presentes como elementos constituintes dos processos de leitura dos quais participamos.

Como é de se esperar, o modelo de leitura mais aceito nas últimas décadas tem sido o interacional. Contudo, dando continuidade aos elos que vão compondo a cadeia discursiva, defendemos o uso do termo *integração* no lugar de *interação*. E não se trata apenas de uma mudança lexical. O que pretendemos salientar com a mudança de termo é que, mais do que interagir, os elementos advindos de texto e leitor (bem como dos contextos sociais, históricos e políticos nos quais estão inseridos) efetivamente se integram, formando um novo produto, uma leitura única e que servirá de base para a construção de leituras e contextos outros. Essa noção de leitura integrativa está embasada na noção de integração conceptual, que mostra como os conceitos e aprendizados são formados. A leitura, assim como os conceitos, é resultado de uma integração.[9]

Feitas essas considerações a respeito da noção de leitura em seu sentido geral, podemos retomar o objetivo central desta seção: a leitura literária. Dando prosseguimento à nossa linha de raciocínio, se consideramos o ato de ler como um ato de integração, temos que a noção de leitura literária também parte desse princípio. Ela, como todos os tipos de leitura, envolve integração entre texto e leitor (ambos inseridos em seus contextos históricos e sociais), de modo que a literariedade não pode ser considerada como posta apenas no texto. Não negamos, entretanto, o fato de um texto apresentar características que possam fazê-lo ser lido como literário: as escolhas lexicais, a preocupação com a forma, o modo singular de narrar um acontecimento, a multiplicidade de sentidos planejada, a riqueza da subversão consciente das normas de linguagem, a inversão do protagonismo socialmente valorizado, o modo singular de nos fazer olhar para algo visto como trivial. Todas essas marcas podem contribuir para a construção de um tipo diferenciado de leitura. Ocorre que elas são apenas um dos extremos de um fio que pode conduzir a uma leitura literária. Na outra ponta, há o leitor (sócio, histórica e culturalmente contextualizado) e as várias dimensões que compõem sua existência. Abordaremos três delas – as dimensões cognitiva, ética e estética – por estarem diretamente relacionadas ao assunto que aqui nos interessa.

A primeira dimensão humana que nos vem à mente quando pensamos em leitura é, sem dúvida, a cognitiva. Isso porque temos a noção de que o ato da leitura tem a ver com a capacidade de processar informações e transformá-las em conhecimento. Mas, além dela, a leitura implica também a dimensão ética porque possibilita agregar experiências que vão se juntar a outras e ajudar na construção do conjunto de valores que formam o caráter da pessoa e guiam o modo como ela vai atuar em sociedade. Um leitor que lê uma história sobre meninos em situação de rua que furtam para sobreviver, por exemplo, pode desenvolver sentimentos de empatia, indiferença, desprezo, entre outros, dada a situação que lê sobre as personagens. Os sentimentos elaborados durante a leitura, ainda que decorrentes de uma experiência mediada pelo texto, são efetivamente vivenciados e vão se somar ao conjunto de saberes que moldam a pessoa que lê, de modo a integrá-la, influenciando a forma como ela lida com situações da sua vida real.

Essas dimensões – cognitiva e ética – fazem parte do processo de leitura literária, mas, sozinhas, não o completam. Para ser literária, uma leitura precisa alcançar, também, a dimensão estética. E o que vem a ser essa dimensão? A que conceito de estético estamos nos referindo? A esse respeito, uma breve ponderação se faz necessária: em nossa busca por uma elucidação sobre o conceito de leitura literária, percebemos que estamos adentrando cada vez mais um redemoinho de subjetividade. Aqui, uma figura imagética representativa dos caminhos percorridos nesta seção do livro pode ser descrita como um imenso espiral em forma de funil, uma espécie de tornado que vai nos sugando e arrastando freneticamente em direção a uma imensa e escura nuvem de subjetividade. Cientes disso, buscaremos iluminar alguns pontos e tentar esclarecer questões que nos soam importantes à compreensão do processo de leitura literária. Começamos pelo termo *estética*.

O termo *estética* nos remete, primeiramente, à noção de beleza. Nesse sentido, a indústria dos procedimentos estéticos movimenta milhões no oferecimento de recursos que tentam promover um ideal de beleza que, como sabemos, é subjetivo e socialmente construído. Mas quando nos referimos à arte, cumpre resgatar o significado advindo do grego *aisthésis*, que está relacionado à percepção, à sensação e à sensibilidade. Estética artística tem a ver, então, com o conjunto de sensações experimentadas no contato com um objeto (a arte) capaz de despertar a sensibilidade da pessoa e desencadear nela sensações ou sentimentos que a fazem enxergar a realidade de uma forma diferenciada. O belo, nesse caso, está no movimento de recriação da realidade que a arte possibilita. E como esse movimento acontece?

No esforço de investigar essa questão, vamos nos debruçar sobre teorias dos estudos discursivos da linguagem. Entre elas, encontramos considerações importantes nos textos escritos pelo Círculo de Bakhtin, nome atribuído a um grupo de pesquisadores de diferentes formações que se reuniam regularmente entre 1919 e 1929 e discutiam questões filosóficas, sobretudo relacionadas à filosofia da linguagem. O grupo possui textos publicados no período mencionado, bem como em períodos posteriores. Aqui, interessa-nos investigar um conceito denominado *exotopia*,[10] desenvolvido ao longo de vários textos do Círculo e que se relaciona ao movimento ocorrido à pessoa na construção de uma relação estética com determinado objeto.

A palavra *exotopia*, partindo dos elementos que a compõem, é formada pelo prefixo grego *exo-*, remetendo à noção de *externo, de fora*, e o termo *topia*, oriundo de *topos, lugar*. Assim, temos que o conceito de exotopia tem a ver com um lugar de fora, um lugar externo a si. Aplicando essa noção à questão da estética da criação verbal, o Círculo de Bakhtin nos direciona ao entendimento de que a exotopia está relacionada à capacidade humana de, sem abandonar o seu lugar de existência, conseguir vivenciar o lugar do outro (texto, escultura, pessoa), ou seja, um lugar externo a si. De forma resumida, a pessoa sai do seu lugar, do seu eu, para vivenciar o lugar do outro, mas leva consigo o que a constitui (sentimentos, valores morais, modos de interpretar). Dessa forma, ela completa o outro a partir de si, embora possua um excedente de visão que é só seu, formado da integração dos elementos de si e do outro.

Para tentar elucidar essa questão exotópica, retomemos o exemplo da leitura de um texto que aborda a vida de crianças em situação de rua: *Capitães da areia*, de Jorge Amado. Ao ler a história, sem abandonar o conforto de casa e sem abandonar os próprios valores, é possível vivenciar as experiências das personagens do livro (Pedro Bala, Dora, Sem-Pernas), em um movimento que pode gerar empatia e sentimentos solidários a partir das situações narradas com aquelas crianças de rua. Essa leitura possibilita, por exemplo, sentir as angústias do menino Sem-Pernas, ao não saber o que fazer quando recebe um certo carinho em uma das casas da qual se aproximou para furtar. Possibilita, ainda, viver junto ao personagem um dilema: trair a confiança da dona da casa ou das demais crianças do bando que esperavam o sustento pelo furto? Essas vivências decorrem de um reposicionamento: o leitor é transportado do seu lugar no mundo para vivenciar as situações que lê, mas esse reposicionamento é feito sem que o leitor abandone o seu lugar no mundo, isto é, seus valores, seu conhecimento de mundo, sua forma singular de sentir e de agir diante das situações com as quais se depara.

Somado a esse movimento de saída do seu lugar de mundo, há o movimento de retorno, que permite um excedente de visão, uma espécie de avaliação da experiência de deslocamento possibilitado pelo contato com o texto literário (ou outra forma de arte). Essa avaliação é o que completa a dimensão estética, é a percepção de que aquele objeto (arte) possibilitou uma transfiguração da realidade. Enquanto lia, o leitor mergulhava em uma realidade mediada pelo objeto artístico, realidade esta que o permite sentir emoções, ampliando seu escopo de possibilidades de vivências. A leitura literária é, nesse sentido, ampliação de espaços para existência.

Diante de todo o exposto, não defendemos uma definição única ou objetiva para a noção *leitura literária*. Sabemos que isso não é possível. Entretanto, alguns pontos parecem ter sido iluminados em nosso (re)pensar e esperamos que eles possam elucidar o caminho do professor ou pesquisador que busca embasamento para o modo como constrói seu entendimento da questão. Resumindo esses pontos, temos *a leitura literária como aquela em que, diante do texto (social, política, cultural e historicamente situado), o leitor (igualmente situado) consegue reconstruir elementos que abrangem as dimensões cognitiva, ética e, também, estética de sua existência em sociedade. Vale destacar que essas dimensões são construídas de forma contextualizada, de modo que relações de poder macro e microssociais interferem em cada uma delas.* Em outras palavras, *a leitura literária decorre, assim como outros tipos de leitura, de uma integração sócio e historicamente situada, mas tem como diferencial o alcance da dimensão estética na pessoa.* Logo, ela não depende somente de uma literariedade posta no texto, mas do fato de o leitor (em sua função sócio, cultural e historicamente situada e ativa) relacionar-se com determinados elementos que desencadeiem nele a mobilização conjunta das três dimensões: cognitiva, ética e estética.

Tendo (re)pensado conceitos referentes ao processo de leitura literária, esperamos que as discussões aqui tecidas ajudem no avançar das práticas de leitura literária nas escolas. Dando prosseguimento, passamos ao próximo capítulo, no qual tecemos as relações entre esse tipo de leitura e a noção de letramentos.

Notas

[1] Vale destacar que, nas discussões sobre o componente curricular Arte, do ensino fundamental, a BNCC apresenta uma definição bastante limitada do conceito de fruição: "refere-se ao deleite, ao prazer, ao estranhamento e à abertura para se sensibilizar durante a participação em práticas artísticas e culturais. Essa dimensão implica disponibilidade dos sujeitos para a relação continuada com produções artísticas e culturais oriundas das mais diversas épocas, lugares e grupos sociais" (Brasil, 2018: 195).

[2] O Programa Nacional do Livro e do Material Didático (PNLD) avalia e disponibiliza obras didáticas, pedagógicas e literárias, de forma regular e gratuita às escolas públicas de educação básica brasileiras. Para mais informações, acesse: http://portal.mec.gov.br/component/content/article?id=12391:pnld.

[3] Ainda não existem dados estatísticos disponíveis sobre o ranking de adoção e distribuição das obras aprovadas no PNLD 2020. Por isso, optamos por uma coleção aprovada pela terceira vez e que ficou em segundo lugar no ranking de distribuição no programa anterior (a coleção *Português Linguagens*, a mais distribuída no programa anterior, não foi aprovada para o PNLD 2020). Dados estatísticos disponíveis em: https://www.fnde.gov.br/index.php/programas/programas-do-livro/pnld/dados-estatisticos. Acesso em: 15 jan. 2020.

[4] A referência presente no livro didático reporta ao texto "O direito à leitura", presente em *Textos de intervenção*, publicado pela editora Duas Cidades, em 2002. Todavia, o mesmo texto é mais conhecido como "O direito à literatura", referenciado no final deste livro.

[5] Reproduzido com autorização do autor, Sérgio Vaz. Também disponível nas redes sociais do poeta, como no *Instagram* @poetasv e no *Facebook*, rede na qual o link de acesso para esse poema é: https://www.facebook.com/poetasergio.vaz2/posts/510149492397806. Acesso em: 7 abr. 2020.

[6] Informações disponíveis em: https://www.fnde.gov.br/programas/programas-do-livro/biblioteca-na-escola/historico?tmpl=component&print=1/. Acesso em: 22 jul. 2020.

[7] Para mais informações sobre cognição escolar, recomendamos a leitura de *A pesquisa em cognição e as atividades escolares de leitura* (Gerhardt e Vargas, 2010).

[8] Assim como Magda Soares (2011), entendemos uma escolarização inadequada da literatura aquela que despreza o que pode haver de literário na leitura, focando apenas nos aspectos linguísticos por si mesmos e desprezando as relações e emoções do leitor no contato com os textos.

[9] Para aprofundar esse assunto, confira os textos de Vargas (2018) e Nascimento (2019). Esses autores, embasados nos estudos sobre integração conceptual, abordam a leitura como integração.

[10] Para aprofundamentos sobre o conceito de *exotopia*, leia *Estética da criação verbal* (Bakhtin, 2011).

A questão dos letramentos e dos letramentos literários

A educação literária [...] ajudaria a construir "pessoas melhores", no sentido de serem sujeitos mais competentes para validar a cidadania e nela se engajar, buscando a formação de comunidades democráticas.

Cyana Leahy-Dios

Magda Soares, no artigo "Leitura e democracia cultural" (2008), entendendo a democracia cultural como "*distribuição equitativa de bens materiais e simbólicos*" (2008: 17; grifo da autora) e leitura como "*leitura literária*" (2008: 19; grifo da autora), procura investigar a relação entre esses dois conceitos a partir de uma abordagem dialógica: o acesso à leitura como condição para a democracia cultural e, paralelamente, à leitura literária como instrumento de promoção de tal democracia. Nessa discussão, Soares afirma que a leitura da literatura democratiza o ser humano justamente porque, como sinalizamos no capítulo anterior, traz para o nosso universo o elemento estranho, estrangeiro, desigual e excluído, tornando-nos, assim, menos alheios às diferenças e menos preconceituosos: "o senso de igualdade e de justiça social é condição essencial para a democracia cultural" (Soares, 2008: 19).

Concordamos com a autora também quando ela afirma que a democratização cultural completa só seria possível a partir da distribuição irrestrita e equitativa de bens econômicos e sociais, fato que extrapola nossas possibilidades como educadores e que hoje sentimos ser uma possibilidade cada vez mais distante da sociedade brasileira neste início da terceira década do século XXI. No entanto, ainda é possível acreditar que, na tentativa de construção de uma sociedade mais justa e um pouco menos desigual, o ensino de literaturas – ou, nos dizeres de Leahy-Dios (2004) que abrem este capítulo, a educação literária – teria lugar garantido.

As práticas escolares, como espaços por excelência de formação sistemática do leitor, entretanto, parecem – devido às condições materiais, sociais, econômicas e culturais em que a escola se assenta – estar falhando no trabalho com o texto literário e, por conseguinte, na formação de leitores literários que sejam, como proposto por Leahy-Dios, *pessoas melhores*, cidadãos socialmente engajados na construção de comunidades democráticas. Isso se dá, sobretudo, para além da falta de livros, da materialidade do literário, sinalizada por Soares (2008), pelo tratamento dado aos textos literários na escola: esses textos, muitas vezes, em vez de serem enxergados a partir da ideia de fluidez, de construção literária dos sentidos, ou ainda da noção barthesiana de *texto infinito* (Barthes, 2010), são tidos como produtos acabados, prontos, que servem para *transmitir* significados postulados *a priori*, ou ainda, como material de estudo para categorias linguísticas e/ou características literárias abstratas – questão já debatida em nosso primeiro capítulo.

Atualizando os dizeres de Amorim (2013), à porta da terceira década do século XXI, as práticas escolares com o texto literário nas escolas brasileiras ainda continuam, na maioria dos contextos, ancoradas em abordagens teóricas e tecnicistas – baseadas, na maior parte das vezes, em conceitos estruturalistas do início dos anos 1970 –, em paralelo ou articulada a uma abordagem historiográfica simplista de autores e períodos literários. Comuns são currículos – como o Currículo Mínimo do Estado do Rio de Janeiro (SEEDUC, 2012), por exemplo – e materiais didáticos construídos a partir de conceitos como *linguagem literária* e *referencial, gêneros literários, verso e prosa, versificação, conotação e denotação* ou a partir de descritores que solicitam a apresentação descontextualizada de momentos da vida e excertos da obra de autores, assim como passagens consideradas memoráveis da sócio-história brasileira, em detrimento de uma abordagem mais efetiva que envolva a leitura literária propriamente dita, ou ainda, da perspectiva dos *letramentos literários*, foco deste capítulo.

OS LETRAMENTOS LITERÁRIOS NA DOCUMENTAÇÃO OFICIAL BRASILEIRA SOBRE ENSINO DE LITERATURAS

Na documentação oficial para o ensino de línguas e literaturas no Brasil publicada até a década de 2010,[1] como debatemos no segundo capítulo, apesar de a ideia de formação para cidadania, para a convivência democrática, já estar presente desde a publicação dos Parâmetros Curriculares Nacionais em 1997, foi apenas com as Orientações Curriculares Nacionais para o Ensino Médio, em 2006, que encontramos dispositivos conceituais que nos ajudariam a contribuir de forma mais consistente com a formação do leitor literário crítico. Nesse sentido, é importante lembrar que os PCN do ensino fundamental se restringem a discutir "a especificidade do texto literário" (Brasil, 1998: 36), enquanto os PCN para o ensino médio focam em "recuperar, pelo estudo do literário, as formas instituídas de construção do imaginário coletivo" (Brasil, 2000: 24), enxergando o literário como produto de um tempo, de uma época, ao mesmo tempo em que propõem uma problematização superficial sobre esse conceito.

As OCEM, por sua vez, em seção dedicada apenas aos *conhecimentos de literatura*, clamam a volta da autonomia da literatura como disciplina escolar, enxergando-a politicamente "como meio de acesso a um conhecimento que objetivamente não se pode medir" e também como forma de "humanização do homem coisificado", num movimento de resgate da função social e democrática do ensino de literatura que poderia, na visão do documento, até criar espaço para que cidadãos expropriados de diversos direitos pudessem "pensar por si mesmos" (Brasil, 2006: 52-53). Para isso, as OCEM correlacionam o ensino de literaturas ao proposto pela Lei de Diretrizes e Bases da Educação Nacional (Brasil, 1996), ao afirmar que o ensino dessa arte poderia contribuir para a educação da pessoa humana, incluindo nessa educação a formação ética, o desenvolvimento do pensamento crítico e da autonomia intelectual.

Indo mais além, as Orientações Curriculares afirmam, inclusive, que o tratamento na escola de criações poéticas, dramáticas e ficcionais da cultura letrada teria o objetivo de garantir a democratização de uma esfera da produção cultural que, na visão das OCEM, seria menos acessível a uma parcela de leitores brasileiros. Nesse intuito, o documento afirma ser dever do ensino de literaturas "formar o leitor literário, melhor ainda, 'letrar' literariamente o aluno, fazendo-o apropriar-se daquilo a que tem direito" (Brasil, 2006: 54). Assim, as OCEM trazem à baila o conceito de *letramento*s – já amplamente discutido na área de ensino de línguas – para a discussão sobre o ensino de literaturas em nível oficial.

Mais adiante, o documento afirma entender por letramento literário a condição ou o estado daqueles que não são apenas capazes de ler literatura, mas que dela se apropriam efetivamente por meio da experiência estética, fruindo-a (Brasil, 2006). Na mesma medida, ao tentar definir a fruição estética do texto literário – problemática que já discutimos no segundo capítulo –, as Orientações retomam a ideia do letramento como a apropriação que o leitor faz do literário no processo de construção de significados do texto (Brasil, 2006), em acepção bem próxima à definição de Cosson e Paulino para o termo em texto posterior: "o processo de apropriação da literatura enquanto construção literária de sentidos" (Cosson e Paulino, 2009: 66-67).

Apesar do potencial significativo do conceito de letramentos literários para a construção de práticas democráticas de leitura literária, as OCEM, no entanto, além de apresentarem uma definição relativamente superficial do conceito, pecam ao não explicitar metodologicamente formas de trabalho com os letramentos literários em sala de aula. A discussão que circunda a proposição do conceito é impregnada de visões tradicionais sobre o ensino de literaturas, trazendo, sob uma nova roupagem, questões já estabelecidas que focam, sobretudo, o lugar do cânone no ensino e a apreciação estética como parte essencial da leitura literária. As OCEM, desse modo, investem pouco na compreensão do que seria letrar literariamente, ao evidenciar um texto que propõe, por exemplo: 1) a questão estética como critério de julgamento de textos literários – ao mesmo tempo em que afirma a dificuldade de definição do estético na leitura; 2) o dialogismo bakhtiniano como possibilidade de caminho para se pensar a leitura literária – ao mesmo tempo em que confunde esse conceito com o de *polifonia*;[2] e 3) a literatura como aberta à construção de múltiplos significados em diferentes gêneros – ao mesmo tempo em que a classifica apenas como uma "arte verbal" (Brasil, 2006: 66).

A reflexão sobre o que seria "letrar literariamente" nos parece, então, permanecer em aberto mesmo uma década após a publicação das OCEM e sua seção "Conhecimentos de Literatura". Em artigo mais recente, Cosson (2015) procura demonstrar a multiplicidade de significados imbuídos no termo *letramento literário*, sem, no entanto, operacionalizá-lo na tentativa de compreender o que seria ser letrado literariamente. Com efeito, é nossa intenção compreender e (res)significar a ideia de letramentos literários, além de apresentar diretrizes ou orientações que possam nos auxiliar, como professores da educação básica, na operacionalização desse conceito tão relevante para a construção de um ensino de literaturas que vise à constituição de espaços para a efetivação da democracia cultural no Brasil.

LETRAMENTOS: REVISITANDO O CONCEITO NACIONAL E INTERNACIONALMENTE

O termo *letramento*[3] chega à língua portuguesa a partir do vocábulo *literacy*, da língua inglesa. *Literacy*, de acordo com o *Cambridge Online Dictionary*, significa 1) habilidade de ler e escrever, e 2) conhecimento de uma disciplina particular ou um tipo particular de conhecimento. A título de exemplo, o dicionário aponta a ideia de *letramento computacional* como importante para o desenvolvimento da habilidade de dirigir um carro na atualidade. No Brasil, o termo foi recentemente incorporado ao *Vocabulário Ortográfico da Língua Portuguesa* e, como conceito relacionado à área de educação, tem ganhado cada vez mais espaço tanto na academia quanto na documentação oficial não só de ensino de língua e literaturas, mas também em áreas diversas, como na matemática (letramento matemático), nas ciências (letramento científico), entre outras.

Na área de língua portuguesa e de literaturas, mais especificamente, o termo parece ter sido utilizado pela primeira vez por Mary Kato em sua obra *No mundo da escrita: uma perspectiva psicolinguística*, no ano de 1986. Nessa obra, Kato (1986) relaciona o termo à necessidade de formação de cidadãos que sejam *funcionalmente letrados*, isto é, que sejam capazes de utilizar a língua(gem) escrita de modo a atender às suas necessidades cognitivas individuais, sobretudo no que tange à utilização da norma-padrão da língua em sociedade. Nas palavras da autora, seria função da escola a introdução da criança no mundo da escrita,

> tornando-a [...] um sujeito capaz de fazer uso da linguagem escrita para sua necessidade individual de crescer cognitivamente e para atender às várias demandas de uma sociedade que prestigia esse tipo de linguagem como um dos instrumentos de comunicação. Acredito ainda que a chamada norma-padrão, ou língua falada culta, é consequência do letramento, motivo por que, indiretamente, é função da escola desenvolver no aluno o domínio da linguagem falada institucionalmente aceita. (Kato, 1986: 7)

Percebe-se que, para Kato, a ideia de letramento é relacionada ao domínio da norma culta da língua, sendo letrado aquele cidadão que domina o uso dessa variedade em situações de interação linguística em sociedade. Além disso, Kato (1986) se refere a uma abordagem individual do letramento, uma vez que o domínio da norma culta é, para a autora, uma questão individual. Nesse sentido, a autora se apoia em uma complicada ideia: a de que o letramento – e, por conseguinte, a habilidade de se usar a norma culta – permitiria ao indivíduo "crescer cognitivamente". Tal visão é hoje considerada, por autores da área da sociolinguística, bastante problemática porque exclui a aprendizagem plural de lingua(gens) em sociedade.

Bortoni-Ricardo (2004), por exemplo, considera que uma pedagogia culturalmente sensível não seria aquela que enxerga na chamada norma-padrão fator essencial para o desenvolvimento cognitivo do estudante, mas sim aquela que se volta para a identificação das diferenças entre as variedades e para a conscientização sobre essa diferença, permitindo ao aluno a possibilidade de monitoração de seu próprio estilo. Desse modo, em vez de um suposto desenvolvimento cognitivo, a autora parece dialogar com a ideia de desenvolvimento metacognitivo proposta por estudiosas da área de ensino como Gerhardt, Botelho e Amantes (2015: 204), que consideram esse tipo de desenvolvimento como a "capacidade [do aluno] de administrar da forma mais consciente possível as suas ações cognitivas".

O conceito de letramento volta a ser ressignificado, dois anos mais tarde, em 1988, por Leda Tfouni, em *Adultos não alfabetizados: o avesso do avesso*.[4] Nessa obra, uma versão da tese de doutorado defendida por Tfouni na Unicamp em 1986, a autora apresenta o conceito de letramento como práticas sociais de leitura e escrita e observa de perto as mudanças geradas por essas práticas na sociedade da época, que, segundo a autora, estava se tornando letrada. Apesar de também partir da psicolinguística, nota-se que Tfouni desloca o conceito de letramento do polo individual para o social, em contraste com a noção de alfabetização, que, para ela, se situa no âmbito individual.

Nesse sentido, a alfabetização se refere, de acordo com Tfouni (1988: 9), à simples aquisição de habilidades necessárias para escrita, leitura, entre outras práticas de linguagem; e o letramento, nos dizeres da autora, "focaliza os aspectos sócio-históricos da aquisição da escrita", tendo "por objetivo investigar não somente quem é alfabetizado, mas também quem não é alfabetizado e, neste sentido, desliga-se de verificar o individual e centraliza-se no social mais amplo" (Tfouni, 1988: 9). Falar em letramento, nesta visão, envolve, portanto, investigar os fatores sociais, históricos e culturais em práticas de leitura e escrita de uma determinada sociedade.

Em *Os significados do letramento*, publicado em 1995, Angela Kleiman amplia o conceito de letramento visando à compreensão das práticas sociais de leitura e escrita e o impacto dessas práticas na sociedade.[5] Nas palavras da autora, letramentos seriam "um conjunto de práticas sociais que usam a escrita como sistema simbólico e como tecnologia em contextos específicos, para objetivos específicos [...]" (Kleiman, 1995: 18-19), e o letramento desenvolvido na instituição escolar, que até então fornecia parâmetros para a definição dos letramentos – sobretudo a partir da dicotomização entre alfabetizados e não alfabetizados –, passa a ser apenas um tipo de prática de letramento entre tantos outros. De acordo com a autora,

> O fenômeno do letramento, então, extrapola o mundo da escrita tal qual ele é concebido pelas instituições que se encarregam de introduzir formalmente os sujeitos no mundo da escrita. Pode-se afirmar que a escola, mais importante das *agências de letramento*,

> preocupa-se não com o letramento, prática social, mas com apenas um tipo de prática de letramento, qual seja, a alfabetização, o processo de aquisição de códigos (alfabético, numérico), processo geralmente concebido em termos de uma competência *individual* necessária para o sucesso e a promoção na escola. (Kleiman, 1995: 20; grifos da autora)

Kleiman (1995) também introduz a importante noção de *agências de letramento*, colocando, além da escola, instâncias como a família, a igreja, a rua, o local de trabalho como agências de letramento, que apresentam orientações muito diferentes, mas também importantes para o tornar-se letrado em sociedade. Mais adiante, buscando compreender o lugar da escola como agência de letramento, a autora recorre à distinção entre *letramento autônomo* e *letramento ideológico*[6] proposta por Brian Street em *Literacy in theory and practice* [*Letramento na teoria e na prática*] (1984). Tais modelos de letramento são retomados e desenvolvidos em diversos textos posteriores do autor (Street, 2003 e 2006, por exemplo). De acordo com Street (2003: 77), uma visão autônoma de letramento teria por objetivo

> introduzir letramento a pessoas, vilas, juventudes urbanas pobres e "não letradas" etc. [o que teria] um efeito na melhoria das capacidades cognitivas dessas pessoas, desenvolvendo suas possibilidades econômicas, tornando-as cidadãos melhores, independentemente das condições sociais e econômicas que contribuem para o seu "não letramento".

Os expoentes desse modelo de letramento parecem, nesse sentido, "tratar o letramento como uma variável independente, supostamente desvinculada de seu contexto social" (Street, 2014: 91), e equiparada à ideia de progresso que propicia uma série de benefícios para nações e indivíduos. Kleiman (1995) afirma que esse é o tipo de letramento normalmente propagado em práticas escolares, e que se baseia nos seguintes pressupostos: 1) na existência de correlação direta entre desenvolvimento cognitivo e aquisição da escrita; 2) na dicotomização entre os polos da oralidade e escrita; e 3) na atribuição de qualidades e "poderes" intrínsecos à escrita e, por conseguinte, aos grupos e povos que a possuem e a praticam. Tal modelo autônomo, ainda segundo Kleiman (1995: 21), pressupõe uma única forma de desenvolvimento do letramento, relacionando-o, como já sinalizado, às ideias de progresso, civilização e mobilidade social, e é assim que vem sendo reproduzido nas instituições escolares desde os primeiros movimentos da educação em massa.

Em contrapartida, procurando compreender a "natureza social do letramento [e as] implicações políticas e ideológicas das instituições" (Street, 2014: 111) que o replicam, Street nos apresenta o modelo ideológico de letramento. De acordo com o autor, trata-se de uma

> [...] visão mais culturalmente sensível de práticas de letramento que variam de contexto para contexto. [...] [O letramento é visto] como uma prática social, não simplesmente como uma habilidade neutra e técnica; isto é, é sempre atravessado por princípios epistemológicos construídos socialmente. É sobre conhecimento: as formas pelas quais as pessoas abordam a leitura e a escrita são, por si mesmas, enraizadas em concepções de conhecimento, identidade e ser. (Street, 2003: 77-78)

Nessa perspectiva, práticas de letramentos são sempre práticas ideológicas, isto é, alicerçadas em visões de mundo particulares e no desejo de que algumas práticas de letramentos específicas dominem e marginalizem outras. Nesse sentido, engajar-se em práticas de letramentos seria sempre um ato social e político. Kleiman (1995) afirma ainda que práticas de letramentos ideológicas são social e culturalmente determinadas, assim, os significados que textos revozeiam para um grupo social particular sempre dependem dos contextos e das instituições por onde esses textos circulam, por que(m) foram produzidos, por que(m) foram consumidos.

No Brasil, Magda Soares é reconhecida como uma das principais estudiosas dos letramentos. Professora aposentada da Universidade Federal de Minas Gerais (UFMG), Soares já foi, inclusive, autora de livros didáticos de língua portuguesa utilizados em muitas de nossas salas de aula, além de ser constantemente citada em referenciais teóricos de diversos trabalhos na área. Para essa autora, letramentos não são as práticas de leitura e escrita, nem propriamente os eventos relacionados ao uso dessas práticas. Ela também não centraliza sua compreensão a partir do impacto ou das consequências da escrita sobre a sociedade e muito menos relaciona os letramentos à formação de cidadãos "funcionalmente letrados", que sejam capazes de utilizar a linguagem escrita para suas necessidades individuais apenas. Soares distancia-se, desse modo, de algumas das autoras anteriormente mencionadas. Para ela, os letramentos têm a ver com

> Indivíduos ou grupos sociais que dominam o uso da leitura e da escrita e, portanto, têm habilidades e atitudes necessárias para uma participação viva e competente em situações em que práticas de leitura e/ou escrita têm uma função essencial, mantêm com os outros e com o mundo que os cerca formas de interação, atitudes, competências discursivas e cognitivas que lhes conferem um determinado e diferenciado estado ou condição em uma sociedade letrada. (Soares, 2002: 146)

Em outros termos, letramentos seriam, para a autora, o resultado de um processo "da ação de ensinar ou de aprender a ler e escrever: o estado ou condição que adquire um grupo social ou um indivíduo como consequência de ter se apropriado da escrita" (Soares, 2012: 18). Implícita nessa definição encontra-se a ideia de que os letramentos trazem consequências sociais, culturais, políticas, linguísticas e até econômicas para o indivíduo ou sociedade letrada, o que permite alinharmos o pensamento de Soares à definição de letramento ideológico de Street. É interessante, para o objetivo deste livro, ressaltar que a própria autora já dialogou, em outros textos, com as ideias de Street para pensar o ensino de literaturas ou, mais especificamente, sobre a leitura literária. No já citado artigo "Leitura e democracia cultural" (2008), Soares busca entender a leitura literária a partir de uma perspectiva autônoma e de uma perspectiva ideológica, na esteira de Street e seus modelos de letramentos.

Como *leitura literária autônoma*, Soares entende leitura da literatura como aquilo que contém um valor em si, sendo por isso considerada intrinsecamente boa, legítima e causadora de efeitos positivos sobre o indivíduo. É fácil se deparar com essa visão de leitura literária nos dizeres de materiais didáticos ou em afirmações de colegas que, acriticamente, defendem que ler literatura é importante para nos tornarmos mais inteligentes, argumentando que é impossível ser culto sem ler literatura (seja lá o que *ser culto* signifique para eles...) etc. Já *a leitura literária ideológica* é, para Soares, uma visão de leitura que, recusando-se ser neutra, assume-se como uma prática ideológica, "enraizada em e difusora de visões de mundo, veículos de inculcação de valores, podendo, portanto, ter efeitos e consequências os mais diversos" (Soares, 2008: 30). Essa visão de leitura literária ideológica é, sem dúvida, a mais afinada com a ideia de ensino de literaturas defendida neste livro.

A PEDAGOGIA DOS MULTILETRAMENTOS E OS NOVOS (ESTUDOS DE) LETRAMENTOS

Ainda no campo dos estudos dos letramentos, autores da chamada *pedagogia dos multiletramentos*, dos *novos letramentos* e dos *novos estudos de letramentos* têm construído importantes arcabouços teórico-metodológicos para se compreender diferentes práticas de letramentos no mundo atual. Apesar de não ser objetivo deste livro uma discussão aprofundada desses campos de investigação, apresentaremos, nesta seção, algumas considerações gerais importantes para a compreensão das práticas de letramentos literários e de conceitos a elas relacionados.

Conforme nos contextualiza Cope e Kalantzis (2009), o chamado *New London Group* (Grupo de Nova Londres)[7] se reuniu, no início dos anos 1990, para discutir o futuro da pedagogia dos letramentos. Todos os participantes desse encontro estavam preocupados com a problemática do ensino de língua(gens), especialmente tendo em vista as mudanças no mundo das tecnologias de comunicação e o impacto dessas mudanças no ensino-aprendizagem escolar. Esse encontro deu origem, inicialmente, a um manifesto-artigo (The New London Group, 1996) e, em seguida, a um livro (Cope e Kalantzis, 2000). Nesse livro, os autores delinearam o que veio a ser conhecido como *pedagogia dos multiletramentos*. O pressuposto inicial do artigo-manifesto e do livro se baseou na realidade de um mundo contemporâneo em mudanças, de sistemas de comunicação em constantes processos de transformação. Dessa forma, os autores envolvidos acreditavam que nossas formas de pensar os letramentos e o ensino-aprendizagem deveriam mudar também.

O argumento central do *The New London Group* se assenta na constatação de que a multiplicidade de canais de comunicação e a crescente diversidade cultural e linguística nos encaminha para uma visão muito mais alargada dos conceitos de letramentos que normalmente são ventilados pelo ensino de língua(gem) (The New London Group, 1996). Os multiletramentos, nesse sentido, permitem a superação das abordagens tradicionais dos letramentos, ao enfatizarem como as inter-relações entre diferenças linguísticas e culturais em nossa sociedade são centrais para a compreensão real do mundo, da vida social, cívica e profissional de nossos estudantes. Em outras palavras,

> A pedagogia dos multiletramentos foca fortemente em como a diversidade linguística e cultural e o crescente impacto de novas tecnologias da comunicação estão mudando as demandas dos aprendizes em termos do que nós identificamos [...] como dimensões culturais e operacionais dos letramentos. [...] Estudantes precisam desenvolver as habilidades de falar por si, de negociar e de ser capazes de se engajar criticamente com as condições inerentes a suas vidas sociais. [...] Ser letrado envolve muito mais do que simplesmente operar o sistema linguístico. (Cope e Kalantzis, 2000: 16-17)

Ser letrado envolve, nessa perspectiva, o desenvolvimento do engajamento crítico do estudante que propicie a ele o (re)*design* de seu futuro social. Isso implica, com efeito, a necessidade de o professor enxergar a si mesmo e aos estudantes como participantes ativos das mudanças sociais, o que permite a todos os atores do processo educativo a compreensão de seu papel como *designers* (fazedores) ativos de futuros sociais. Nesse processo, segundo os autores, é necessária a consideração de três dimensões: a diversidade produtiva (no âmbito do mundo do trabalho), o pluralismo cívico (no âmbito da cidadania) e as identidades multifacetadas (no âmbito da vida social).

Rojo (2013) ressalta que, no âmbito do mundo do trabalho, a pedagogia dos multiletramentos chama a atenção para a superação da maneira fordista de organização do trabalho, que se pautava na divisão do trabalho em linhas de produção e da produção e do consumo em massa. No estágio atual, chamado pós-fordismo, é esperado que um trabalhador seja autossuficiente e multifacetado, sempre flexível para adaptação a mudanças constantes. Nessa lógica, a escola deveria pensar na formação do trabalhador para a diversidade produtiva, o que iria requerer, por conseguinte, uma epistemologia e uma pedagogia do pluralismo.

Já no âmbito da educação para o pluralismo cívico, segundo Rojo (2013), caberia à escola desenvolver junto aos educandos a habilidade de se expressar e ressignificar suas identidades em relação a diferentes espaços cívicos, modos de vida e contextos de trabalho, engajando-se em políticas colaborativas que combinariam diferenças numa relação de complementariedade. Por fim, ainda de acordo com a autora, em relação às identidades multifacetadas, é necessário que as escolas busquem a construção de um pluralismo integrativo, tendo a diversidade como base paradoxal para a coesão. Em outros termos, frente à possibilidade de fragmentação, cabe aos contextos educacionais a busca por uma integração a partir da valorização da pluralidade.

Para além do reconhecimento da pluralidade linguística e cultural, é importante ressaltar que a pedagogia dos multiletramentos reconhece também a diversidade de textos e semioses do mundo contemporâneo. De acordo com Rojo (2012: 13),

> [...] o conceito de multiletramentos aponta para dois tipos específicos e importantes de multiplicidade presentes em nossa sociedade, principalmente urbanas, na contemporaneidade: a multiplicidade cultural das populações e a multiplicidade semiótica de constituição dos textos por meio dos quais ela se informa e comunica.

O reconhecimento da diversidade de textos e semioses pela pedagogia dos multiletramentos nos permite, no ensino de literaturas, construir diferentes olhares pedagógicos para novas formas de produção literária, incluindo aquelas em meios digitais, como, por exemplo, os denominados *ciberpoemas*.

Szundy e Nascimento (2016), ao operacionalizarem a pedagogia dos multiletramentos para a abordagem do texto literário, concluem que, a partir dessa abordagem, podemos: a) promover a legitimação de novas formas de fruição estético-literária; b) estabelecer relações entre gêneros literários que circulam tanto em suporte tradicional quanto na web, por exemplo; c) analisar as transformações dos gêneros que circulam em diferentes meios; d) analisar os modos de hibridização de gêneros, estilos e semioses na contemporaneidade; e) experimentar a construção multimodal e corporificada de diferentes significados do texto literário; f) compreender as novas relações de autoria e autoridade na publicação digital, por exemplo, de textos literários; g) ter acesso a inúmeras releituras do literário por meio do acesso a textos de diferentes meios e suportes; e h) tornar-se o que as autoras chamam, em uma apropriação do termo proposto por Roger Chartier, de *lautor*, isto é, um leitor capaz de se apropriar de práticas de multiletramentos literárias para redesenhá-las.

A diversidade, seja ela social, linguística ou cultural, também é foco de autores que abordam os letramentos a partir do rótulo de "novos letramentos" (Lankshear, Knobel e Curran, 2013) e "novos estudos de letramentos" (Street, 2003 e 2006; Gee, 2015).[8] De acordo com Lankshear, Knobel e Curran (2013), o termo *novos letramentos* funcionava inicialmente como um conceito amplo que visava a dar conta da miríade de interações diárias com textos digitais. Nesse contexto, o próprio conceito de texto foi alargado para contemplar não apenas textos alfabéticos e tipográficos, mas também para compreender todas as formas de artefatos multimídia que as pessoas escrevem, leem, interpretam e sobre os quais constroem conhecimentos nas suas vidas diárias. No entanto, os autores chamam atenção para o fato de que, posteriormente, vários estudiosos identificaram exemplos de novos letramentos que não possuíam necessariamente vínculo com o uso de tecnologias digitais e com significados construídos digitalmente.

Lankshear, Knobel e Curran (2013), então, entendem que o conceito de novos letramentos coloca ênfase na profusão discursiva contemporânea em vez de acentuar um essencialismo e uma pureza linguística. Além disso, os novos letramentos se preocupam com a eficácia comunicativa em vez de uma abordagem simplista, taxonômica, de normas e regras linguísticas: "em particular, novos letramentos desafiam o letramento 'centrado na escola', que privilegia formas de discursos e abordagens para o vocabulário, gramática e sintaxe que estão cada vez mais fora de sintonia com as necessidades de comunicação atuais fora do contexto educacional" (Lankshear, Knobel e Curran, 2013: 2).

Os novos letramentos, em diálogo com o proposto pelos multiletramentos, também advogam pela necessidade por parte de nós, professores, de nos engajarmos com a promoção de diferentes tipos de letramentos, de modo a tornar o processo educativo relevante às demandas da sociedade global pós-industrial e da sociedade em rede, que é multicultural e democrática. Assim, práticas que envolvam novos letramentos podem permitir o empoderamento de grupos e indivíduos que tradicionalmente são excluídos da vida econômica, política, social e cultural.[9] Nesse contexto, ser letrado significa desenvolver habilidades complexas de leitura, escrita, pesquisa e comunicação que envolvem capacidades de alto nível para acesso, análise, interpretação, processamento e armazenagem crítica tanto de textos pertencentes a mídias digitais quanto de mídias mais tradicionais (Lankshear, Knobel e Curran, 2013).

Street (2006), por sua vez, contrapõe o conceito de *novos estudos dos letramentos* à visão tradicional de letramentos ao afirmar que

> O que veio a ser denominado por "Novos Estudos de Letramentos" (NEL) [...] representa uma nova forma de se considerar a natureza dos letramentos, focando não tanto no letramento como "tecnologia da mente" [...] ou num conjunto de habilidades, mas sim em pensar o que significam os letramentos como práticas sociais [...]. Isso engloba o reconhecimento dos múltiplos letramentos, variando de acordo com tempo e espaço, mas também contestados em relações de poder. (Street, 2006: 01)

Nesse sentido, os *novos estudos de letramentos* constituem-se como prática problematizadora que discute o que conta como letramentos em qualquer momento e lugar, questionando quais letramentos são dominantes e quais são marginalizados ou resistentes (Street, 2003).

Assim como a pedagogia dos multiletramentos, os *novos estudos de letramentos* reconhecem que a hibridização é peça central para a compreensão dos letramentos no mundo contemporâneo, especialmente ao considerar necessária a relação entre as práticas de letramento locais e aquelas proporcionadas pela escola: com efeito, os *novos estudos de letramentos* arriscam afirmar ser impossível uma *educação bancária*, conceito problematizado por Paulo Freire (2017b), especialmente num mundo multilíngue e multicultural em que os contextos escolares se situam. Ademais, há o reconhecimento dos letramentos como processos contínuos – uma vez que "sempre há novas coisas a se experimentar e aprender e a vida pode sempre ser incrementada, até mesmo na hora da morte!" (Street, 2003: 85) – e como processos emancipatórios, dado que práticas de letramento podem abrir espaços para a construção junto ao educando de capacidades de não conformidade e de consciência crítica (Gee, 2015). A ideia de letramentos como contínuos e híbridos, que permite o diálogo entre contextos locais e globais a partir do reconhecimento crítico de estruturas de poder, influenciou, de certa forma, os nossos estudos sobre letramentos literários, conforme apresentaremos na próxima seção.

PRÁTICAS DE LETRAMENTOS LITERÁRIOS: EM BUSCA DE UM CONCEITO

Apesar de ter se popularizado em 2006 com a divulgação das Orientações Curriculares Nacionais para o Ensino Médio e com o lançamento do livro *Letramento literário: teoria e prática* (2006), de Rildo Cosson, o conceito de letramento literário já vinha ganhando espaço no mundo acadêmico desde o final do século XX e início do século XXI. Grijó e Paulino (2005: 103), por exemplo, um ano antes, no artigo "Letramento literário: mediações configuradas pelos livros didáticos", entendem o letramento literário como "[...] o envolvimento dos sujeitos alfabetizados em práticas sociais de leitura da literatura", formulação conceitual que em muito dialoga com a visão de letramentos proposta por Soares, já descrita neste capítulo, quando a autora postula os letramentos como usos efetivos da leitura e da escrita em contextos sociais, históricos e culturais diversos.

As OCEM, como já sinalizado, entendem os letramentos literários a partir da ideia de apropriação do texto literário no ato de construção de sentidos. No entanto, esse documento afirma certa dificuldade para construção de um conceito fechado para esses letramentos:

> Dada a dificuldade, mas também a necessidade de utilizarmos o termo, basta-nos afirmar que a fruição de um texto literário diz respeito à apropriação que dele faz o leitor, concomitante à participação do mesmo leitor na construção dos significados desse mesmo texto. Quanto mais profundamente o receptor se apropriar do texto e a ele se entregar, mais rica será a experiência estética, isto é, quanto mais letrado literariamente o leitor, mais crítico, autônomo e humanizado será. (Brasil, 2006: 59-60)

É importante apontar, como já discutimos no segundo capítulo deste livro, que, mesmo relacionando o conceito de letramentos literários às já conhecidas noções de *fruição* e *experiência estética*, as OCEM não desenvolvem plenamente essas noções. É interessante, no entanto, o fato de que o documento coloca o ser letrado literariamente como condição para a humanização pela leitura literária proposta por Antonio Candido, permitindo, assim, uma relação mais direta entre a discussão dos letramentos e a discussão sobre ensino de literaturas popularizada até então.

Cosson (2006), apesar de ainda ser uma das maiores referências dos letramentos literários hoje, também não apresenta em seu livro uma definição sistematizada do que entende por esse conceito. O autor defende que o processo de letramento literário deve ser compreendido em oposição à ideia de leitura literária por fruição, uma vez que essa leitura depende do letramento literário. De acordo com Cosson, em uma tentativa de definição do conceito em discussão,

> [...] devemos compreender que o letramento literário é uma prática social e, como tal, responsabilidade da escola. A questão a ser enfrentada não é se a escola deve ou não escolarizar a literatura, como bem nos alerta Magda Soares, mas sim como fazer essa escolarização sem descaracterizá-la, sem transformá-la em um simulacro de si mesma que mais nega do que confirma seu poder de humanização. (Cosson, 2006: 23)

Nesse intuito, o autor apresenta a proposta de duas sequências didáticas que poderiam ser utilizadas no processo de escolarização da leitura literária: a *sequência básica* e a *sequência expandida*. A *sequência básica*, como o nome indica, é mais curta e apresenta seções como *motivação* (preparação para que o aluno *entre* no texto, na discussão de temática relacionada), *introdução* (apresentação do autor e da obra), *leitura* (leitura do texto literário propriamente dita) e *interpretação* (interpretação que envolve o momento interno, pessoal, e o externo, compartilhamento da leitura e ampliação dos significados previamente construídos). A *sequência expandida*, por sua vez, apesar de apresentar as mesmas etapas da básica, apresenta ainda dois momentos de *intepretação* (compreensão global dos textos a partir de seus aspectos formais e aprofundamento de um dos aspectos do texto que seja mais pertinente para os propósitos do professor) e solicita destaque, na fase de *expansão*, aos processos de intertextualidade, a partir da exploração do texto lido em diálogo com outros textos, anteriores ou posteriores temporalmente a ele.

A proposta de Cosson se popularizou, e seu livro se tornou uma das obras acadêmicas mais vendidas, em específico, aos interessados em ensino de literaturas e letramentos literários, como nós, professores, que estamos diariamente envolvidos nas práticas da sala de aula da educação básica. No entanto, é importante que não encaremos as sequências propostas por Cosson como "método perfeito", uma vez que, ao contrário, elas podem não necessariamente ser adequadas para muitas realidades de sala de aula no Brasil – como já discutimos no primeiro capítulo.

Além disso, alguns passos das sequências propostas pelo autor estão abertos a certos questionamentos, tais como: na parte da motivação, ao selecionarmos uma temática do texto literário para discutirmos antes da leitura da obra, não estaríamos, *a priori*, delimitando um horizonte de leitura e, talvez, direcionando o olhar do aluno-leitor? Até que ponto essa apresentação motivadora de uma das temáticas do texto não cercearia, no ato da leitura, a emergência de outras? Outra crítica possível de ser apontada – dessa vez, não relacionada à metodologia proposta, mas ao livro como um todo – é, como sinalizamos, a falta de uma definição mais clara do que a obra entende como letramento literário.

Uma definição mais acurada do termo seria proposta por Cosson e Paulino apenas três anos depois, em 2009, no capítulo "Letramento literário: para viver a leitura dentro e fora da escola". Nesse capítulo, os autores afirmam que o significado do termo *letramentos* continua passando por constantes revisões: "Não há, portanto, uma definição única e universal" (Cosson e Paulino, 2009: 63). Ao contrário, *letramentos* têm passado de definições que se referem à mera decifração da informação escrita para uma ampla gama de saberes complexos diversificados. Com efeito, os autores dividem em duas as abordagens dos estudos dos letramentos: 1) *Letramento funcional*: domínio básico da escrita, considerada uma tecnologia, e que envolve, principalmente, a alfabetização, garantindo a inserção de pessoas no mercado de trabalho e, consequentemente, a possibilidade de existência cidadã; e 2) *Letramento como prática*: letramento entendido como um conjunto de práticas construídas em eventos mediados por textos e que envolvem saberes, conhecimentos e processos de interação e relações de poder no uso da escrita em contextos específicos e meios particulares.

A partir da abordagem do letramento como prática, pluraliza-se o conceito para letramentos, uma vez que "[...] há tantos letramentos quanto práticas sociais e objetos que informam o uso da escrita na nossa sociedade letrada" (Cosson e Paulino, 2009: 65). Tal visão também propõe um conceito ampliado de texto e aposta na pluralidade semiótica e de meios, não se atendo mais apenas ao texto escrito impresso. Desse modo, apenas uma compreensão do letramento como prática, de acordo com os autores, tornaria possível a emergência dos multiletramentos ou novos letramentos: "[...] letramentos e multiletramentos referem-se hoje a competências complexas voltadas para o processo de construção de sentidos, entendendo que é próprio desse processo social capacitar os 'aprendizes a fazer sentido de e ativamente se engajar com o seu mundo, aumentando, portanto, sua capacidade de influenciá-lo'" (Cosson e Paulino, 2009: 66). É na tentativa de compreender como o leitor constrói sentido sobre o mundo e desempenha sua leitura crítica da sociedade a partir da literatura em que, segundo os autores, o letramento literário se inscreve.

O conceito de letramento literário proposto por Cosson e Paulino (2009) foi desenhado a partir da abordagem de letramentos como prática.

Os autores afirmam que, anteriormente, esse letramento foi pensado, tal como proposto por Grijó e Paulino (2005), como uma das práticas sociais de uso da linguagem escrita, o que colocava o foco na prática da leitura e desestabilizava a noção de cânone literário, sobretudo por pensar a literatura a partir do polo leitor em contraste com a enrijecida visão de literatura como tradição. No entanto, ressaltam os autores, essa visão do letramento literário promovia algumas dificuldades, tais como a perda da singularidade da literatura em relação à escrita e o enfraquecimento do aspecto diferenciador da experiência literária frente à predominância da leitura nas relações sociais. De fato, o conceito proposto por Cosson e Paulino (2009) busca entender o letramento literário como "[...] o processo de apropriação da literatura enquanto construção literária de sentidos" (Cosson e Paulino, 2009: 67).

Logo, o letramento literário passa a ser entendido como um processo contínuo: ele começa antes da escola e dura por toda vida. O contar de histórias pelos responsáveis ao colocar uma criança na cama já é, nessa perspectiva, um ato de letramento literário, uma vez que torna possível, nesse contexto, a apropriação da literatura como construção literária de sentidos. Apropriar-se, de acordo com os autores, refere-se a transformar dialogicamente os sentidos não apenas do texto, mas também transformar o próprio leitor: "[...] é dessa forma que cada leitor tem o seu universo literário ao mesmo tempo que participa da construção, manutenção e transformação da literatura de sua comunidade, ainda que ocupando diferentes posições no sistema literário" (Cosson e Paulino, 2009: 67).

Ao buscar diferenciar o letramento literário de outros tipos de letramento, Cosson e Paulino (2009) afirmam que no ato de letramento literário há: 1) uma interação verbal mais intensificada, uma vez que ler literatura é um ato de imersão discursiva; e 2) um processo evidente de reconhecimento do outro a partir de um movimento de (des)(re)construção do mundo por meio da experiência literária. Nesse sentido, pelo letramento literário, estamos constantemente (des)(re)construindo nossas identidades ao sermos atravessados por textos literários. Por isso, o letramento literário pode ampliar e fortalecer o processo *exotópico*, mencionado no capítulo anterior, de experenciarmos vivências outras a partir de nós mesmos, em diálogo com a alteridade: "O que cada um é, o que quer ser e o que foi dependem tanto de experiências efetivas, aquelas vividas, como da leitura que faz das próprias possibilidades de ser e das experiências alheias a que tenha acesso por meio de textos" (Cosson e Paulino, 2009: 69).

Ampliando a discussão, Cosson e Paulino (2009) afirmam enxergar o letramento literário tanto como individual quanto como social, pois nesse processo pode-se compor, negociar, validar, desafiar ou ainda informar padrões culturais, identidades e comportamentos. Com efeito, para nós, o processo de letramento literário é eminentemente dialógico, no sentido bakhtiniano do termo, uma vez que o leitor sempre construirá diferentes atitudes e posicionamentos discursivos frente ao texto literário lido, de acordo com o contexto micro e macro onde se dá a leitura literária. Assim,

> O letramento literário é [...] um processo de aprendizagem, resultado da experiência do leitor com o texto, simultaneamente solitário e solidário porque implica negociar, reformar, construir, transformar e transmitir o repertório que recebemos de nossa comunidade como literário. (Cosson, 2015: 183)

É importante ressaltar que tal conceito proposto por Cosson e Paulino (2009), e reafirmado por Cosson (2015), tem suscitado, ao longo dos anos, algumas críticas. Essas críticas vão desde a utilização do termo *letramento*, no singular, até a um implícito foco na questão linguística e na "especificidade" – ou falta de – do que seja o *literário*. No entanto, como o próprio Cosson (2015) afirma, o conceito ressignificado por ele e Paulino é apenas uma das formas de se enxergar o letramento literário, que, assim como o próprio conceito de letramentos, pode ser abordado de diferentes modos.

Dentre esses modos, Cosson (2015) elenca as seguintes formas de conceptualizar o letramento literário:

1. letramento literário como o que se faz com o texto literário (quando se utiliza a literatura como auxiliar ao ensino de leitura e no desenvolvimento de habilidades escritas – para o autor, uma concepção escolar simplista do letramento literário);

2. letramento literário como prática (entendendo a literatura como prática social da escrita, o que pode diminuir o aspecto individual da experiência literária, como já sinalizamos, ou como construção literária de sentidos do texto, tal como a visão defendida por Cosson e Paulino);
3. concepção culturalmente alargada de letramento literário (quando se coloca o foco em questões ideológicas, investigando-se questões identitárias e permitindo a ampliação da consciência crítica do leitor em relação a aspectos linguísticos, culturais e literários do texto artístico).

Neste livro, na tentativa de ressignificar o conceito a partir do diálogo com as reflexões construídas ao longo dos dois primeiro capítulos e com as diversas perspectivas de letramentos aqui apresentadas, entendemos *letramentos literários* como *movimentos contínuos, responsivos e ideológicos de apropriação do texto literário como construção de sentidos sobre os textos, sobre nós mesmos e sobre a sociedade, o que envolve: 1) a compreensão do texto literário como um tecido em construção ou texto infinito, com significados sempre em debate, abertos a questionamentos e contestações; 2) a possibilidade de construção contínua de atitudes responsivas – sempre ideologicamente guiadas – na integração com textos literários em diferentes contextos; e 3) um movimento exotópico de encontro com o outro e consigo mesmo, de alteridade, pelo estético, numa perspectiva humanizante do ser humano coisificado.*[10]

OS LETRAMENTOS LITERÁRIOS DA/NA ESCOLA

Apesar de, como afirmamos, o debate sobre os letramentos literários não ser recente, ainda hoje o conceito tem sido timidamente abordado pela/na escola. A Base Nacional Comum Curricular, por exemplo, não discute explicitamente o conceito em momento algum ao longo de suas 600 páginas. O documento, apesar de dialogar com termos como *novos letramentos*, *multiletramentos* e *letramentos digitais*, ao tratar especificamente da literatura (que nomeia de campo artístico-literário no ensino médio), fala – superficialmente, como debatido no capítulo anterior – apenas em leitura literária, postulando que a leitura da literatura poderia levar os estudantes a um engajamento mais crítico com as obras literárias, "possibilitando compartilhá-las em redes sociais, na escola e em diálogos com colegas e amigos" (Brasil, 2018: 523).

A Base propõe ainda que a *apropriação* dessas obras – utilizando o substantivo que dialoga com a concepção de letramentos de Cosson e Paulino (2009) – se daria com a ajuda de procedimentos de análise linguística e semiótica, resgatando a historicidade dos textos ou ainda reconhecendo nos textos literários formas de crítica cultural e política. O letrar literariamente na BNCC, assim como o tornar-se leitor, dialoga, dessa forma, com a ideia de leitor-fruidor, crítico e ideologicamente guiado, sem que nenhum desses termos seja amplamente debatido ou relacionado à questão literária. Como consequência, diversos materiais e livros didáticos reproduzem tal visão, sobretudo pelo caráter de lei da BNCC, que, atualmente, embasa, inclusive, o edital do Programa Nacional do Livro Didático.

Mesmo com esse apagamento do termo na BNCC, o letrar literariamente continua sendo uma das preocupações da educação literária. Nesse sentido, Cosson e Paulino (2009) propõem algumas orientações possíveis para a efetivação desse processo na escola, orientações essas que revisamos e complementamos aqui:

1. Letrar literariamente requer uma experiência efetiva com textos literários. Não se letra literariamente a partir de abordagens teóricas, tecnicistas ou historicistas simplistas da literatura. Práticas de letramentos literários envolvem inegociavelmente a experiência do aluno com o texto literário, entendido para além do texto canônico escrito, compreendendo, também, outras formas do fazer literário, como a literatura digital, a literatura surda etc.
2. Práticas de letramentos literários se dão a partir de movimentos sócio-historicamente situados e de construção de sentidos do texto no ato da leitura literária. Deve-se evitar, nesse processo, a tentativa de enquadrar previamente um texto dentro de um tema, por exemplo. Dessa forma, em uma atividade hipotética de leitura, pode ser complicado falar para os alunos que eles lerão "dois textos sobre amor"

antes da leitura propriamente dita do famoso poema "Amor é fogo que arde sem se ver", de Luiz Vaz de Camões, e da música "Monte Castelo", da banda Legião Urbana, já direcionando, *a priori*, o enquadramento desses textos para tal temática.

3. É preciso que o ensino das literaturas na escola promova a diversidade textual, que o currículo escolar permita o diálogo entre obras de diferentes gêneros literários, não apenas pertencentes ao cânone, mas também obras ainda não valorizadas pela sociedade, como produções ditas periféricas, obras de autores negros e autoras negras, LGBTQIA+s, literaturas indígenas, eventos poéticos chamados *slams* (Neves, 2017, 2021), pomas digitais, manifestos em grafite (cf. Amorim e Silva, 2019). É necessário, em síntese, colocar o cânone em diálogo com outras manifestações artísticas que compreendam a produção literária a partir de outras vivências, de outras perspectivas ideológicas.

4. Práticas de letramentos literários envolvem também a necessidade de o aluno se enxergar como leitor literário e como parte de uma comunidade de leitura: "Para efetivar essa comunidade, o professor pode lançar mão de estratégias como grupos de estudo, clubes de leitura e outras formas de associação entre alunos que permitam o compartilhamento de leituras e outras atividades coletivas relacionadas ao universo da literatura" (Cosson e Paulino, 2009: 74-75).

5. É preciso alargar o contato do aluno com práticas diversas de leitura literária, seja do texto literário escrito ou de outras manifestações artísticas, e promover a releitura do texto literário por meio de outras mídias, a partir, por exemplo, de adaptações cinematográficas ou para os quadrinhos.

6. O professor deve atuar como um mediador no processo de letramento literário, auxiliando, inclusive, na construção da cultura literária do aluno: "Nesse sentido, são importantes as seleções de textos que compõem a tradição de uma comunidade, as informações sobre as condições de produção e circulação dos textos em termos históricos e o conhecimento da estrutura desses textos e seu funcionamento interno, desde que esses elementos

estejam a serviço da experiência literária" (Cosson e Paulino, 2009: 75-76). É preciso ter ciência de que os dados linguísticos e históricos não valem sem a experiência da leitura literária, assim como a simples e abstrata fruição não assegura o processo de construção do repertório de leitura do educando.

7. É importante que nos atentemos também para os desejos e escolhas dos alunos. Devemos considerar os educandos pessoas que desejam ler determinados textos e não outros, e isso não significa diminuir o papel do professor como organizador da prática pedagógica; ao contrário, implica provocar uma ampliação do papel do docente, que poderá agir como negociador, como verdadeiro agente no processo de aprendizagem de seus alunos, seja incitando o diálogo de textos apontados no currículo com textos extracurriculares, seja acolhendo os textos sinalizados pelos próprios alunos, desde que considerado o planejamento pedagógico do professor para a disciplina.

8. É necessário, como recomendado na própria BNCC, assegurar o trabalho com a escrita literária, de modo a permitir que o aluno se veja também como um produtor de literatura, capaz de criar paródias, fazer adaptações, (re)elaborar narrativas da mesma história a partir de diferentes focos narrativos, entre outros procedimentos que denotam apropriação de textos literários.

As orientações reproduzidas e ampliadas anteriormente não se configuram, no entanto, como uma receita para promover os letramentos literários, mas podem funcionar como diretrizes possíveis de serem consideradas no processo de abordagem do literário em sala de aula a partir de uma determinada visão das práticas de letramentos literários. No próximo capítulo, ampliando essas visões, colocamos em diálogo as práticas de letramentos literários com o conceito de letramentos de reexistência proposto por Souza (2011), na tentativa de vislumbrar outras práticas de letramentos possíveis de serem construídas no ambiente escolar. Por se tratar de um conceito relativamente novo nos estudos dos letramentos e que ainda gera muitas dúvidas em relação a sua efetivação na prática escolar, apresentaremos também orientações e propostas de atividades, que, como professores, desenvolvemos ao longo de nossa experiência, de modo a exemplificar possibilidades de trabalho com práticas de letramentos literários no contexto da escola.

Notas

[1] Trataremos dos letramentos na Base Nacional Comum Curricular em seção posterior deste capítulo.
[2] Carlos Alberto Faraco (2009: 77-78) chama a atenção para o fato de que a *polifonia* não significa, para Mikhail Bakhtin, como afirmado nas OCEM, *pluralidade discursiva*, um universo de muitas vozes, mas sim "um universo em que todas as vozes são equipolentes".
[3] Nesta e na próxima seção, retomamos o histórico do conceito proposto por Soares (1998), a fim de expandi-lo, buscando compreender as diferentes concepções de letramentos que vêm sendo ressignificadas na educação brasileira das primeiras décadas do século XXI.
[4] Em 2006, uma nova edição desse livro foi publicada pela editora Cortez com o título *Adultos não-alfabetizados em uma sociedade letrada*.
[5] Em artigo posterior, intitulado "Ação e mudança na sala de aula: uma nova pesquisa sobre letramento e interação", Kleiman volta a considerar letramentos como "práticas e eventos relacionados com uso, função e impacto social da escrita" (Kleiman, 1998: 181), deixando claro entender letramentos não apenas como as consequências das práticas de letramentos para a sociedade, mas também como os próprios eventos nos quais essas práticas se constituem e circulam.
[6] Ressaltamos que a divisão entre os letramentos autônomos e os ideológicos tem caráter apenas didático. Reconhecemos todos os letramentos como ideológicos; no entanto, o que Street chama de *letramento autônomo* parece estar ligado a um recorte ideológico que privilegia a técnica sobre a criticidade, a reprodução sobre transformação e o universal sobre o diverso, ou seja, ligado a discursos mais conservadores sobre discursos mais progressistas.
[7] Formado pelos pesquisadores C. Cazden, B. Cope, N. Fairclough, J. Gee, M. Kalantzis, G. Kress, A. Luke, C. Luke, S. Michaels e M. Nakata.
[8] Apesar de se apresentarem sob rótulos semelhantes e de possuírem pontos em comum, é importante ressaltar que os *novos estudos de letramentos* parecem se diferenciar em foco e abordagem dos *novos letramentos*. Os novos estudos de letramentos agrupam pesquisas que têm como objetivo se contrapor ao letramento autônomo, abraçando uma perspectiva ideológica das práticas de letramentos. Já os novos letramentos, apesar de também se orientarem por uma perspectiva ideológica, parecem se preocupar mais com os letramentos que vêm emergindo com as novas tecnologias digitais, colocando-se, nesse sentido, mais próximos ao proposto pelos estudos dos multiletramentos.
[9] É importante ressaltar, no entanto, que a noção de *empoderamento* parece, muitas vezes, ser relacionada ao alcance de práticas socialmente consideradas por classes privilegiadas da sociedade como legítimas e de prestígio, o que, a nosso ver, pode auxiliar na manutenção do lugar de privilégio dessas classes, que continuam a ditar que práticas são válidas em nossa sociedade.
[10] Por *ser humano coisificado*, entendemos uma visão de indivíduo que apaga sua identidade humana para encaixar-se, de forma alienada, em um grupo social específico.

Reexistências e propostas para práticas de letramentos literários na escola hoje

A minha pergunta inicial é: de quem é a escola? A quem a escola pertence? Eu acredito que todos aqui já saibam essa resposta. [...] Nós estamos lá por ideais. Nós lutamos por eles. Nós acreditamos neles. A gente vai continuar lutando.

Ana Júlia Ribeiro

Considerando o que vimos discutindo ao longo deste livro acerca de conceitos como ensino de literaturas, leitura literária, formação de leitores e práticas de letramentos literários, faz-se necessário pensar de modo mais detido sobre qual literatura ensinamos na escola básica e por quê. Nessa medida, ecoa em nós a voz que escolhemos para inaugurar o presente capítulo: a da então estudante secundarista Ana Júlia Ribeiro,[1] que ganhou projeção nas redes sociais em 2016, quando da ocupação de inúmeras escolas estaduais e federais pelo movimento estudantil em luta contra a Medida Provisória 76, que tratava da Reforma do Ensino Médio, e da Emenda Constitucional 95, que limitava os gastos públicos com saúde e educação por 20 anos no Brasil. Ana Júlia, ocupando o púlpito da Assembleia Legislativa do Paraná, seu estado natal, frente ao olhar acolhedor e empático de muitos e exposta ao escárnio e a indiferença de tantos outros, interrogou não apenas os parlamentares, mas a todos nós: "de quem é a escola? A quem ela pertence?"

Queremos, pois, partir desta pergunta da estudante para iniciar nossas reflexões e propostas deste capítulo. Se não nos interrogarmos acerca do que concebemos como educação, como escola, como ensino-aprendizagem, de que forma podemos pensar um ensino de literaturas que supere o que aqui tanto já criticamos, em favor de uma formação literária ampla, que contemple múltiplas vozes do fazer literário, para além da simples e pura historiografia, de abordagens tecnicistas ou aplicações superficiais de ferramentas da teoria literária e da prisão inquebrantável ao chamado cânone literário?[2] As ocupações estudantis de 2015 e 2016 ainda precisam ser estudadas com mais cuidado e, quem sabe, maior distanciamento temporal, a fim de compreendermos o legado que, de tantas formas, buscou nos deixar. Entretanto, é inexorável reconhecer o movimento de fratura provocado pelas chamadas "ocupas". Inverteu-se também, ali, dentre outras coisas, a lógica de poder que sempre sustentou a escola, colocando em xeque um modelo absolutamente ultrapassado, segundo o qual aos estudantes cabe apenas a tarefa de ouvir e aceitar, numa lógica bancária de educação (Freire, 2017b).

É essa lógica que, não raro, acaba por alicerçar nossa prática pedagógica como professores de língua portuguesa e de literaturas. Acabamos, quase sempre, por não questionar os chamados programas escolares que nos são impostos, ignorando as disputas de poder no interior da própria noção de currículo (Apple, 2011) e reproduzindo um projeto de formação de leitores comprometido, muitas vezes, não com a libertação dos educandos (Freire, 2018) por meio da experiência com a leitura literária, mas sim com a reafirmação de ideologias linguísticas (Kroskrity, 2004; Moita Lopes, 2013) que atuam em favor da manutenção de uma cultura hegemônica na escola (Soares, 2017), ainda que essa não seja nossa consciente intenção. É assim que se sustenta a permanência irrefutável de uma língua dita padrão, do cânone literário e do silenciamento, no cenário escolar, de autores não (re)conhecidos pela crítica e pelo mercado editorial.

Amorim e Silva (2019), ancorando-se no conceito de "letramentos de reexistência"[3] (Souza, 2011), apontam, nesse sentido, para a necessidade de repensarmos o lugar e a função do ensino de literaturas na educação básica e defendem, nessa medida, as práticas de letramentos literários como espaços de reexistência. Para os autores, faz-se de profundo relevo que desaprendamos a mera perspectiva beletrista e historiográfica como a literatura muitas vezes ainda é tratada na escola, potencializando, em perspectiva dialógica (Freire, 2017a; Bakhtin, 2016), vozes e expressões literárias que foram sempre silenciadas ao longo de nossa história (negra, indígena, favelada, feminina, LGBTQIA+, entre outras) e que podem, muitas vezes, conversar de modo mais direto com desejos e afetos de estudantes que chegam a nossas salas de aula em um momento de tantas desestabilizações, movências e demolições de certezas cristalizadas, como o século XXI (Fabrício, 2007).

Nesse cenário, o presente capítulo será assim construído: na primeira seção, trataremos de reflexões sobre o conceito de educação, letramentos e literatura de reexistência, retomando as reflexões já feitas nos capítulos anteriores; na segunda, apresentaremos algumas hipóteses de atividades e duas propostas de ensino de literaturas realizadas em turmas de ensino fundamental de uma escola pública federal do Rio de Janeiro, entre 2017 e 2019. A ideia não é propor um *modelo* ou *método* para o ensino de literaturas, mas exemplificar caminhos e trabalhos possíveis com o literário em nossas salas de aula da educação básica, conforme o contexto escolar em que atua cada professor.

SOBRE EDUCAÇÃO, LETRAMENTOS E LITERATURA DE REEXISTÊNCIA

Situamos o papel de educador de língua portuguesa e de literaturas nos estudos de linguagem comprometidos com uma educação libertadora (Freire, 2018; hooks, 2017), sustentando-nos, também, em uma prática pedagógica que busca romper com as fronteiras entre as disciplinas e contribuir para a construção de uma reflexão mais profunda sobre a vida e a sociedade. Para Moita Lopes (2006), os estudos contemporâneos da linguagem devem se pautar pela quebra dos paradigmas que a tradição modernista cuidou de meticulosamente erigir. O linguista aplicado propõe, assim, o rompimento dos limites entre os saberes, advogando uma produção epistemológica dialógica, liberta da compartimentalização disciplinar, situada, enredada e que tem no discurso seu lugar e sua teia.

Compreendemos o discurso, dessa forma, não como decalque da realidade, e sim como espaço e meio de produção dos múltiplos significados que compõem o mundo e das fragmentadas identidades que concebem o sujeito –

este ser produzido *no* e *pelo* discurso. Nesse mérito, julgamos perigosa qualquer defesa de verdades fossilizadas acerca das coisas do mundo e do humano, entendendo o conhecimento como um solo movediço e complexo.

Enxergamos, portanto, a educação como um processo de desconstrução, de abalo de certezas, de vertigens, de estímulo a *perguntas*, muito além do alcance de possíveis respostas, sempre provisórias. Cada dia mais, a sala de aula nos interroga acerca do sentido de nossa prática num mundo em que as formas de acesso ao conhecimento apresentam-se tão vastas, como já apontamos no primeiro capítulo. Respostas a essa interrogação não as temos, mas é essa uma das perguntas que devem mover nosso cotidiano como educadores, levando-nos a uma experiência renitente de (des)aprendizagens.

Nossa prática precisa respeitar os jovens naquilo que eles apresentam de mais genuíno, isto é, a sua liberdade, inteireza e intensidade de vida. Para Munduruku (2014), a criança não divide os saberes. Assim, brincar, correr, pular, aprender, colher fruta do pé, tomar banho de rio, imaginar é tudo uma coisa só. É a escola, arquitetada como tal, que tira o sujeito do universo integral, apresentando-lhe uma sociedade estancada em conhecimentos que não se comunicam, na maioria das vezes. Segundo o autor,

> A teia da vida é complexa e a gente acaba se esquecendo disso, ao desenvolver a ideia de que nós somos donos. A criança aprende na escola que ela tem que dominar e aí passa a destruir tudo, né, porque é dela, ensinaram isso pra ela. É educada para ser senhora da natureza, das coisas. (Munduruku, 2014: n.l.)

Dessa forma, compreendemos e advogamos a escola como um espaço para que educandos (des)aprendam saberes e valores que servem tão somente para assegurar o silenciamento daqueles que tiveram suas vozes sufocadas na narração de sua (de nossa) própria história. Pensamos, portanto, a sala de aula como um lugar de potencialização de cantos que quase nunca encontram eco em nossos materiais didáticos e currículos, cantos de negros, indígenas, pobres, favelados, homoafetivos, nordestinos, mulheres – cantos, enfim, de todos que nossa sociedade ainda insiste em encurralar em suas franjas (Moita Lopes, 2006).

Sinalizamos, assim, a necessidade de uma pedagogia linguística crítica (Rajagopalan, 2003). Nesse sentido, é importante nos comprometermos, por extensão, com o desafio de tentar catalisar mudanças sociais, a fim de contribuir para a construção de uma sociedade mais justa e verdadeiramente democrática, na qual todos possam ser reconhecidos e valorizados na miríade de suas identidades e direitos. Faz-se mister que procuremos, pois, criar ações que materializem uma possibilidade de transformação de visões de mundo até então amparadas em estereótipos, preconceitos, dogmas, e estimulando nossos estudantes em sua potencial criticidade, de forma a assumirem "uma postura [...] de constante questionamento das certezas que, com o passar do tempo, adquirem a aura e a intocabilidade de dogmas" (Rajagopalan, 2003: 111-112).

Se assim buscamos proceder, é porque acreditamos ser a escola, ao mesmo tempo, um espaço de *poder* e de *potência* (Veiga-Neto, 2016) – *poder* que pode oprimir e *potência* que pode fazer ganhar força questões e temas fundamentais à reflexão sobre as opressões de que nos constituímos, seres humanos e brasileiros. Nesse sentido, o discurso é correnteza indomada. É nele que as múltiplas ideologias (Eagleton, 1997) se materializam e é por meio dele que ganham canal e escoam, transformando-se em verdades. O desafio de todos nós, educadores de língua materna e suas literaturas, dirige-se justamente no sentido de possibilitar a nossos estudantes o domínio da complexidade de discursos (literários ou não) com que lidamos diariamente, para que eles possam fazer desses discursos também lugares de desconstrução do preconceito e do ódio, como defendemos no terceiro capítulo.

Na terceira década do século XXI, em tempos de Escola Sem Partido, Reforma do Ensino Médio e Base Nacional Comum Curricular, acreditamos ser importante que a escola, no Brasil, proponha-se a uma arquitetura de resistência e reexistência. É fundamental e fundante que reafirmemos nosso compromisso como uma escola democrática, libertadora; uma escola combativa às forças conservadoras que sempre trabalharam e ainda trabalham para a manutenção de currículos engessados.

Mostra-se interessante, em suma, que tomemos como princípio das escolas brasileiras legislações como a Lei 10.639/2003 e a Lei 11.645/2008, que tornam obrigatório o estudo da História, das culturas e das literaturas africanas, afro-brasileiras e indígenas. Se desejamos uma escola que sustente o arranjo de um país mais justo e menos desigual, que supere gradativamente as marcas da escravização e exploração de índios e negros, parece-nos fundamental que a sala de aula, rompendo os limites entre os múltiplos saberes de que nos constituímos, torne-se lugar de reflexão, discussão e (des)aprendizagem.

É nesse sentido que compreendemos, na esteira do discutido no terceiro capítulo, práticas de letramentos literários experimentadas por alunos na escola também como um território de desestabilizações. Em geral, o que se observa é que, no lugar de provocar perguntas e reflexões, o ensino de literaturas acaba por cobrar respostas dos estudantes, exigindo-lhes, em muitos casos, unicamente o conhecimento de características de estilos de época – traços estéticos que devem ser decorados e aplicados, não raro à força bruta, a textos que não foram produzidos para serem encaixados em determinados padrões, mas sim para, como objetos artísticos, provocarem tensões, vertigens, reflexões e perguntas sobre quem somos, sobre a sociedade, o mundo e a vida.

Essa perspectiva da experiência literária como um processo de desestabilização não parece ainda habitar, no entanto, grande parte dos programas escolares no Brasil, especialmente os do ensino médio, muito ainda pautado em uma visão historiográfica do ensino de literaturas. Defendemos, no entanto, não o banimento do estudo de obras e autores consagrados em nossos compêndios, mas sim uma proposta dialógica de tais obras e autores com outras vozes que não estão no cânone, mas que compõem, também, a literatura contemporânea, como afirmamos no primeiro capítulo.

É importante destacar que a visão historiográfica do ensino de literaturas remonta ao século XIX, num projeto político de construção dos chamados Estados-Nação. Segundo Lemaire (2017), a fim de fortalecer a ideia de Nação, muitos países europeus declararam, em 1880, obrigatório o ensino de uma língua nacional, criando, para tanto, faculdades de Letras, com departamentos de língua e literatura nacionais. As universidades funcionavam, desse modo, como um lugar de legitimação das políticas nacionalistas. Evidentemente, a língua e as literaturas escolhidas para a representação da "nação europeia" não foram nem são aquelas de origem popular, e sim as produzidas por uma elite econômica, cultural, masculina e branca.

No Brasil, não ocorre o contrário. É no século XIX, em 1837, que se cria, por exemplo, o primeiro colégio de educação básica do país, o Colégio Pedro II. Seu currículo inicial – que serviu de inspiração para a organização das matrizes curriculares das instituições de ensino posteriormente inauguradas – reproduzia em exato a perspectiva beletrista europeia, compondo-se de disciplinas de Retórica, Poética e Gramática nacional. Sendo a escola, à época, um privilégio de famílias economicamente abastadas, e a norma culta e o cânone aquilo que se privilegiam em sala de aula.

Passados, porém, quase dois séculos, observamos que são ainda autores e autoras (raras estas, por sinal) consagrados pelo cânone literário os eleitos para serem lidos na escola, a despeito de uma reflexão mais profunda sobre a legitimidade dos fatores que determinam tais escritores e escritoras como "boa literatura". Acreditamos, como já afirmado neste livro, que autores como José de Alencar, Gregório de Matos, Machado de Assis, Clarice Lispector, Guimarães Rosa, Cecília Meireles – entre tantos outros e outras que figuram em nossos compêndios didáticos – devem continuar tendo lugar nas aulas de literatura, mas é fundamental que, nas práticas de letramentos literários, comunguem-se também outras tantas vozes silenciadas por nosso racismo e machismo estruturais, tais como as de Luiz Gama, Corina Coaracy, Júlia Lopes de Almeida, Maria Firmina dos Reis, Carolina Maria de Jesus, Geovani Martins, Jarid Arraes, Ryane Leão, Maria Duda, Adriana Kairos, Daniel Munduruku, Conceição Evaristo, Sérgio Vaz, Ana Paula Azevedo, Eliane Potiguara, Jacqueline Obá etc. É essa uma pequena lista de autorias ainda ausentes em muitas práticas pedagógicas, não pelo chamado 'valor literário', pautado em sua 'riqueza estética', mas sim pela deslegitimação que o racismo e a misoginia impõem em relação à expressão artística de tais autores e autoras.

A escola – especialmente a escola pública – é, mais que nunca, um lugar de muitos embates e tensões sociais. Há, hoje, um projeto de país que busca atacar a educação pública, em especial, silenciando-a em sua complexidade e pluralidade, como o movimento Escola Sem Partido, já aqui referido. Isso porque, há cinco, seis anos, talvez, não tratássemos com tanta abertura de questões que, no momento, a sociedade debate amplamente, como o ódio de classe, o racismo estrutural, a misoginia, a lgbtfobia. As opressões que ora mais expostamente vivenciamos geram, de igual nível, movimentos de resistência e reexistência. Nesse sentido, ensinar e aprender devem ser um ato político de intervenção na realidade, e as práticas de letramentos literários não podem se desenvolver a despeito da vida, das questões sociais que latejam no mundo. *Literatura, nesse sentido, é a vida se vivendo em nós; é, em nosso ponto de vista, um espaço estético de reinvenção e desestabilização de dogmas e verdades construídas; é um lugar de (des)aprender quem somos e, portanto, um ponto de partida para a inauguração de múltiplas formas de enxergar o mundo e questionar o que nos foi sempre entregue como certo e indubitável.*

É nessa perspectiva que compreendemos a literatura no âmbito dos estudos culturais. Faz-se importante, conforme discutido no segundo capítulo, que transitemos de uma visão meramente formalista da expressão literária, que a define a partir de um valor estético constituído à luz de quem tem o poder de dizer em nossa estrutura social, para uma visão de literatura como uma forma de cultura, contextualizada na materialidade histórico-sócio-cultural. Para Schmidt (2017), essa imagem formalista da literatura "[...] inscreve as estruturas de privilégio e exclusão que a constituem em termos do monopólio de determinados sujeitos da enunciação/representação, assim como da representação" (2017: 31).

Desse modo, ainda consoante Schmidt (2017), os chamados "cânones nacionais" caracterizam-se como espaços privilegiados de representação simbólica do imaginário de uma nacionalidade. Tal representação, logicamente, é imposta, sempre, por sujeitos enunciadores que ocupam lugares sociais e econômicos privilegiados. Assim, a história dessa literatura acaba por cristalizar a memória de um povo em uma formação discursiva hegemônica, que busca uniformizar uma maneira de ver o mundo. O que nos interessa aqui, nessa medida, é questionar por que determinadas autorias/obras são eleitas pelo cânone e têm a licença para entrar na escola, e outras, não. Num país tão plural, em diferentes sentidos, como o Brasil, torna-se imperioso que a sala de aula acolha múltiplas formas de se conceber e narrar o país, a sociedade, o mundo. Portanto, não nos parece produtivo privilegiar o cânone em detrimento de outras vozes tão ou mais representativas do que nos constitui brasileiros.

Por essa razão, acreditamos que práticas de letramentos literários na escola contemplem, também, o que Souza (2011) define como "letramentos de reexistência". Em pesquisa com a produção artística (poesia, rap, funk, hip-hop) de autores da periferia de São Paulo, em 2004, Souza buscou compreender a engrenagem do que resumiu como "letramentos de reexistência", isto é, práticas sócio-literárias de resistência à opressão e de potencialização de vozes sociais que sempre foram oprimidas na história do Brasil. Defende a autora:

> Os letramentos de reexistência mostram-se singulares, pois, ao capturarem a complexidade social e histórica que envolve as práticas cotidianas de uso da linguagem, contribuem para a desestabilização do que pode ser considerado como discursos já cristalizados em que as práticas validadas sociais de uso da língua são apenas as ensinadas na escola formal. (Souza, 2011: 36)

É na esteira de Souza (2011) que postulamos o conceito de "literatura de reexistência". *Conceituamos como "literatura de reexistência" toda produção literária de autoria periférica, de autoras e autores periféricos, que ressignificam esteticamente a opressão de que são vítimas, fazendo da literatura um terreno de sobrevivência ao colonialismo, ao racismo, a toda e qualquer forma de depreciação das subjetividades não hegemônicas. Inscreve-se a literatura de (re)existência, por isso, nas práticas de letramentos de (re)existência, que são periféricos porque nascem em contextos de violência, discriminação, mas também porque se afirmam em suas práticas específicas de linguagem e fazem desses contextos um lugar de sobrevivência ao extermínio físico, social e artístico.*

Essa literatura também precisa habitar a escola em diálogo e tensão com os discursos literários hegemônicos, a fim de colaborar para a construção de um olhar mais complexo e amplo sobre as questões da vida e do mundo. Em especial na escola pública, cujos discentes são, em sua maioria, oriundos de espaços periféricos, faz-se interessante que a escola lhes apresente a literatura como um lugar de representatividade também de suas identidades e questões, a fim de que percebam a carga de vida que pulsa no texto literário, concebendo, desse modo, perguntas capazes de desestabilizar discursos e práticas hegemônicas que colaboram para sua opressão como sujeitos periféricos, isto é, sujeitos que estão fora dos eixos hegemônicos de poder – pretos, índios, pobres, favelados, LGBTQIA+. Vale frisar novamente que pensamos ser essencial a permanência dos chamados clássicos na escola, mas entendemos igualmente importante a presença de outras vozes que se reivindicam como literatura, a fim de que, nessa fricção discursiva, possam-se criar olhares mais densos e questionadores sobre a sociedade, a vida.

Nesse sentido, gostaríamos de retomar e revisar aqui algumas diretrizes básicas para o trabalho com a literatura de reexistência no ensino fundamental II e no ensino médio, já apontadas em Amorim e Silva (2019), a partir de uma análise crítica da Base Nacional Comum Curricular. Novamente, o que propomos são orientações, sugestões, não se enquadrando como normas ou métodos de abordagem da literatura de reexistência em sala de aula:

1. Antes de qualquer planejamento para se trabalhar com as chamadas "literaturas de reexistência", é preciso que não as situemos no lugar do exótico. Assim, faz-se importante não destinar um período específico do ano letivo ou do respectivo segmento de ensino para a leitura e discussão das obras não canônicas. As autoras e os autores periféricos devem ser incorporados às aulas de maneira natural, sempre se conferindo, porém, destaque a essas autorias e à importância de suas vozes na construção da nossa identidade histórico-cultural e literária.

2. Assim, é fundamental a movência entre as obras literárias consideradas canônicas e aquelas que foram e são silenciadas na instituição escolar. Nesse sentido, mostra-se essencial, em diálogo com a autoria masculina do século XIX, por exemplo, destacar também as vozes femininas que ali já produziam obras literárias, como Corina Coaracy, Chiquinha Gonzaga, Júlia Lopes de Almeida, Albertina Bertha, Narcisa Amália, Maria Firmina dos Reis. É fundamental, nesse sentido, garantir ainda a presença da autoria negra, como a da própria Maria Firmina, e de outros autores, como Luiz Gama, que também produziram

literatura durante o século XIX, no mesmo período daqueles que sempre ganharam as páginas dos livros didáticos, como José de Alencar, Joaquim Manuel de Macedo, Visconde de Taunay, Aluísio Azevedo e o próprio Machado de Assis, embranquecido pela história e pelo cânone literário. É importante, em outros termos, que se descentralize o eixo da leitura literária na escola, compreendendo como outras autoras e autores, a partir de diferentes vivências, (re)exist(e)iam na cultura e na história.

3. Também se faz relevante que não sejam trabalhados em sala de aula apenas as autorias periféricas que o mercado já tomou para si, como Conceição Evaristo, Jarrid Arraes, Geovani Martins, Carolina Maria de Jesus – que agora é resgatada –, Daniel Munduruku, entre outros. É fundamental que esses nomes estejam circulando e afirmando suas identidades hoje no mercado, nas grandes livrarias, no meio acadêmico, mas é necessário também que tenham lugar na escola aquelas autorias que nem sequer ganham eco no mercado editorial, (re)existindo de modo independente, como Adriana Kairos, Sérgio Vaz, João Antonio Ventura, Marcelo Ferreira da Silva, Paola Vannucci, Gullever Bastos, Leandro Fonseca, Ana Paula Azevedo, Aline Leite, Eliane Potiguara, Liliane Fernandes, Fabiano Lima, Jacqueline Obá, entre tantas outras e outros que entendem a estética literária como uma possibilidade de sobreviver.

4. Faz-se ainda necessário, nesse contexto, que se trabalhe com textos não apenas que denunciam a posição de assujeitamento das vozes periféricas, mas, sobretudo, que se apresentem tais vozes em posição de protagonismo de suas narrativas. Este é um ponto de extrema importância, uma vez que a literatura, na escola, deve se construir como um lugar em que os estudantes negros, de origem indígena, LGBTQIA+, pobres, favelados, entre outros grupos marginalizados, se vejam representados e valorizados em suas identidades, em suas formas de ser, sentir e pensar.

5. Nessa esteira, mostra-se igualmente interessante, valendo-se da defesa do letramento digital tão calorosamente empreendida em documentos oficiais como a BNCC, levar à sala de aula de literatura

autores e autoras "periféricas" que produzem e só conseguem fazer circular seus textos nos ambientes e redes sociais digitais, como Facebook, Instagram, YouTube, podcast, vlogs etc., explorando os recursos estéticos possibilitados pela web na produção de videominutos, playlists comentadas, resenhas, fanfics, fanclipes, e-zines.

6. É importante ainda que, em especial na escola pública, onde a maior parte das populações periféricas se encontram, invista-se também em práticas de escrita literária, movendo-se da leitura e da discussão das referidas obras para a compreensão sobre o processo de produção, no qual alunos podem agenciar suas identidades por meio das engrenagens do discurso literário. Nas escolas privadas – em que se situam, em maioria, as vozes que têm centralidade em nossa história –, faz-se necessário movimento semelhante, mas no sentido da alteridade, do desenvolvimento da empatia por meio de uma experiência de outrar-se, compreendendo, respeitando e "desexotizando" formas de existir silenciadas normalmente pelos discursos oficiais. A literatura constituiria, assim, um espaço poderoso de deslocamentos, desestabilizações, (des)aprendizagem de verdades cristalizadas que fizeram e ainda fazem muitos corpos tombarem à margem do que poderiam ser.

A partir do conceito de "literatura de reexistência", aqui exposto, e das diretrizes/sugestões para o trabalho com esse tipo de produção em sala de aula, apresentaremos e comentaremos, a seguir, algumas atividades possíveis com a leitura literária e duas atividades didáticas já realizadas em uma escola pública do Rio de Janeiro, como uma forma de materializar o que neste livro postulamos como uma educação literária e de práticas de letramentos literários libertadoras.

PROPOSTAS DE ATIVIDADES

Conforme vimos pontuando desde o primeiro capítulo, este é um livro que se deseja dialógico com a realidade da sala de aula e seus limites estruturais. Por isso, apresentaremos aqui dois blocos de atividades com a leitura literária: um primeiro com sugestões de atividades simples; e um segundo, com duas atividades maiores, realizadas com turmas dos anos finais do ensino fundamental num espaço privilegiado de educação pública: uma escola da rede federal de ensino na área urbana do Rio de Janeiro.

- BLOCO DE ATIVIDADES 1

Ao longo de nossa experiência com o magistério, vivenciamos múltiplas e distintas realidades. Elencamos, a seguir, um conjunto de atividades já desenvolvidas por nós e que nos ajudaram a trabalhar em favor das práticas de letramentos literários de nossos alunos numa perspectiva de reexistência em contextos diversos.

1. **INCORPORAÇÃO DE AUTORIAS NEGRAS E INDÍGENAS NOS PROGRAMAS ESCOLARES**: trata-se, aqui, de simplesmente romper com a hegemonia de uma literatura canônica e eurocentrada, propondo também a leitura de autores e autoras negras e indígenas em movimento dialógico com autores já consagrados pelo cânone literário. Somente o fato de tais autorias habitarem nossos currículos já é um grande passo no processo de letramento literário para a desconstrução de visões de mundo e de vida fossilizadas.

2. **SELEÇÃO DE TEXTOS CURTOS**: como, em muitas realidades no Brasil, grande parte dos livros didáticos não apresenta autores periféricos e muitas escolas não contam com a possibilidade de cópia de textos, é interessante pesquisar produções curtas desses autores, como poemas e contos (microcontos, minicontos, nanocontos), e reproduzir no quadro, para que os alunos tenham acesso e, depois, possam pesquisar por conta própria dentro de suas possibilidades.

3. **APRESENTAÇÃO DE OBRAS MATERIAIS**: conforme já sugerido no primeiro capítulo, é interessante levar as obras que temos dessas autorias para a sala de aula, de modo que os alunos

possam ver e tocar os livros, percebendo que há autores oriundos de realidades muito próximas, no caso de escolas públicas mais periféricas, que conseguem fazer suas produções circularem, seja por meio de uma editora ou até mesmo de uma forma independente.

4. **ORGANIZAÇÃO DE BATALHAS DE POESIA**: é interessante mostrar aos alunos que eles também podem escrever e ter seus textos lidos, ouvidos, performados. Assim, mostra-se produtivo, por exemplo, organizar batalhas de poesia, os chamados *slams*, podendo ocorrer no pátio da escola, na quadra, no horário do intervalo, entre os turnos, ou até mesmo em algum espaço público perto da escola, como praças; seja no interior ou para além dos muros da escola, tais espaços funcionariam como um palco aberto para que os estudantes pudessem dizer seus textos performaticamente e estimular os colegas a produzirem e lerem também poesias.[4]

5. **INSTALAÇÕES POÉTICAS**: faz-se importante, ainda, que as autorias periféricas ganhem espaço na própria arquitetura da escola, tornando-se mais visíveis; para tanto, podem-se separar alguns pequenos textos e fotos e construir varais, guarda-chuvas poéticos, com os textos pendurados para que os alunos possam pegar e levar para casa, o que cumpre o processo de popularizar as referidas autorias e oferecer aos estudantes a possibilidade de terem consigo textos reais.

6. **CIRANDA/NINHO DE LIVROS**: sendo mais difícil o acesso dos alunos à compra de livros, pode-se solicitar às editoras um exemplar de livros de autores periféricos que já estejam sendo publicados pelo mercado, sob o pretexto de as obras serem analisadas pela equipe de Português para possível uso. De posse das obras, pode-se produzir, junto com os alunos, um ninho de livros, com uma caixa de papelão, a ser deixada na sala de aula e administrada pelos próprios estudantes, para que cada um possa ter sempre um livro para ler em casa e depois compartilhar suas impressões com a turma, de modo a fazer a leitura girar. Vale destacar aqui que a leitura do texto longo, o livro, é muito importante, apesar de sabermos

das adversidades que se impõem para a adoção de tais obras em contextos economicamente desfavorecidos. A experiência da leitura longa permite ao estudante o desenvolvimento da concentração e de uma percepção maior dos mecanismos que compõem a linguagem literária, favorecendo seu processo de formação como leitor. Para solucionar o problema de acesso ao objeto livro, pode-se tentar realizar, além do pedido a editoras, campanhas entre os próprios professores para que doem livros que não leem mais, a fim de formar um pequeno acervo para as turmas.

7. **DRAMATIZAÇÕES**: como uma atividade de estímulo à leitura e também de avaliação, pode-se separar a turma em grupos e oferecer a cada equipe um pequeno texto, a ser adaptado para uma pequena dramatização em sala ou em outro espaço possível na escola. A dramatização amplia as perspectivas de leitura dos alunos, fazendo-os se aprofundar na leitura do texto para transformá-lo num outro objeto artístico e experimentar, dessa forma, outros modos de ler, sentir e estar no mundo.

8. **PRODUÇÃO DE LIVROS COLETIVOS**: podem-se reunir produções escritas e visuais dos alunos em uma espécie de fanzine produzida por eles mesmos em sala de aula, com seus próprios textos, sua caligrafia, de modo artesanal, com colagens, ilustrações; em seguida, tais produções podem compor também o "ninho do livro" de outras turmas, para que assim os textos circulem na escola.

9. **ENCONTRO COM AUTORES ACESSÍVEIS**: com a ampliação das redes sociais, ficou mais fácil ter acesso aos autores por meio de seus perfis; nesse sentido, pode-se tentar contactar algum autor ou coletivo de poesias, como o *Slam* das Minas,[5] por exemplo, e convidar as poetas para uma apresentação e roda de conversa com os alunos. Esse tipo de atividade torna tais autores mais próximos e concretos, podendo estimular a produção/leitura dos estudantes.

10. **DIÁRIOS DE LEITURA**: a fim de compreender o processo de apropriação do texto literário dos alunos, pode-se pedir que registrem, em um caderno, suas impressões sobre uma

determinada obra selecionada no "ninho do livro", destacando, a cada leitura, como num diário, o que mais lhes chamou a atenção (vocabulário, imagens, abordagens temáticas, estrutura formal) de diversas maneiras, com comentários por escrito, desenhos, ilustrações, entre outros; depois, o professor pode pedir o diário e acompanhar o processo de letramento literário do aluno, até mesmo como uma forma de avaliação, o que se mostra muito mais produtivo que uma prova sobre o livro ou um trabalho escrito, como um resumo ou um fichamento.

Essas dez atividades simples são apenas algumas ideias possíveis de práticas que já se mostraram produtivas em nossa trajetória no magistério, especialmente quando trabalhamos em contextos mais adversos, como escolas públicas periféricas, com alunos muitas vezes semialfabetizados ou com pouquíssima relação com a leitura literária. Essas mesmas atividades podem ser ampliadas e complexificadas caso o contexto escolar permita. É assim que apresentamos, a seguir, duas outras atividades maiores, realizadas num contexto público com mais recursos.

• BLOCO DE ATIVIDADES 2

Sobre corpos que (sobre)vivem: feira de valorização das culturas indígenas

Desde 2016, realiza-se, numa escola pública do Rio de Janeiro, uma feira de valorização das culturas indígenas, coordenada por um professor de Língua Portuguesa e de Literaturas que, em geral, atua no sexto ano do ensino fundamental, quando, na referida instituição, estudam-se as narrativas fundadoras da identidade brasileira. Ao final desse mesmo ano, tal colégio, juntamente com inúmeras outras instituições públicas de ensino, vivenciou o movimento grevista e de ocupação estudantil, organizados contra a aprovação do projeto Escola Sem Partido, a Medida Provisória de Reforma do Ensino Médio, a PEC 55, a Reforma Trabalhista e a Reforma da Previdência – todas peças de um quebra-cabeças maior, que busca o sucateamento e a privatização da educação pública. De modo a tornar a escola um espaço de reflexão sobre esse cenário, no ano letivo seguinte, depois de todo o movimento legítimo, propôs-se, como projeto para o sexto ano, o tema "Escola como espaço de democracia, liberdade e diversidade".

O projeto conseguiu mobilizar os docentes de Artes Visuais, Música, Educação Musical, Espanhol, Inglês e História. Para garantir sua materialização, realizaram-se, ao longo do ano, algumas reuniões para discussão, enredamento dos programas e construção de atividades e avaliações em comum, rompendo, assim, os limites tradicionalmente estabelecidos entre as referidas áreas e investindo numa prática libertadora. No começo do ano, buscou-se discutir com as turmas os conceitos de "escola", "democracia", "liberdade" e "diversidade" por meio de leituras, filmes, aulas-campo, como uma visita ao Museu Casa do Pontal – museu de cultura popular –, dentre outros. No meio e no fim do ano letivo, debruçou-se mais especificamente sobre os discursos fundadores de nossa identidade, trabalhando-se a história, as culturas e as literaturas ameríndias, africanas e afro-brasileiras.

No que toca especificamente às aulas de Língua Portuguesa e de Literaturas, o docente iniciou o segundo semestre com a exibição de notícias acerca do assassinato do índio pataxó Galdino Jesus dos Santos, em 1997. O objetivo era sensibilizar os estudantes para as questões indígenas, levando-os a refletir sobre como, apesar dos 500 anos que distam da chegada dos portugueses, o Brasil continua num processo de extermínio das populações ameríndias. Essa primeira ação buscou, assim, desnudar a grave questão indígena no país, apresentando um índio despido dos estereótipos que nossa sociedade cuidou de erigir. Trabalhou-se, nesse processo, com lendas, mitos, reportagens, produções textuais que visavam ao reconhecimento do problema para, a partir daí, construir-se com as/os estudantes uma postura de valorização das nossas origens.

Nesse sentido, uma das produções textuais realizadas no período foi a que segue:

PROPOSTA DE PRODUÇÃO TEXTUAL

Leia atentamente a notícia a seguir.

Morte de índio queimado vivo em Brasília completa 15 anos

A morte do índio Galdino Jesus dos Santos completa nesta sexta-feira (20/4) 15 anos. O crime bárbaro que chocou Brasília e todo o país ocorreu em uma parada de ônibus da W3 Sul, um dia após a comemoração do dia do Índio. O cidadão foi queimado vivo por jovens de classe média. Apesar da repercussão do crime, ainda hoje, atos de crueldade semelhantes ao que matou Galdino continuam acontecendo na capital. Condenados a 14 anos de prisão, os vândalos acusados pela morte do indígena cumpriram apenas oito anos, durante os quais tiveram acesso a várias regalias.

Galdino havia chegado à capital no dia 18 de abril de 1997 para debater com autoridades do poder público sobre a situação da terra do seu povo, a área de Caramuru/Paraguassu, localizada no sul da Bahia. No dia seguinte, ele participou de um evento organizado pela Funai para comemorar o Dia do Índio. Na volta para a pensão onde estava hospedado, Galdino se perdeu e acabou dormindo em um ponto de ônibus na Asa Sul.

Por volta das 5h, quatro jovens e um menor que passavam pelo local resolveram atear fogo contra o índio, alegando que queriam apenas brincar, pois imaginavam que ele seria um mendigo. Galdino teve 95% do corpo queimado e morreu logo após chegar ao hospital. [...]

(Fonte: https://www.correiobraziliense.com.br/app/noticia/cidades/2012/04/20/interna_cidadesdf,298900/morte-de-indio-queimado-vivo-em-brasilia-completa-15-anos.shtml. 20.04.2012.)

PROPOSTA:

A notícia relata um fato que chocou o país em abril de 1997: o assassinato do índio pataxó Galdino Jesus dos Santos.

Aproveitando as informações colhidas no texto, *sua tarefa será mudar o triste desfecho dessa história: crie uma lenda em que você narre como o índio teria escapado do homicídio com a ajuda de alguma entidade, elemento, poder sobrenatural, mágico de sua cultura.*

118

O que teria ocorrido com ele no final? E os assassinos seriam punidos?

Como se observa por meio do trecho reproduzido, o fim da atividade era oportunizar aos educandos a possibilidade de, pelo plano estético, ressignificar a existência do índio Galdino Jesus dos Santos, garantindo-lhe o direito à vida, anulada por seu assassinato. Tal direito deveria ser garantido, porém, por elementos característicos das diversas culturas indígenas estudadas nas aulas. Como resultado, destaca-se, a seguir, uma das produções:

A IRA DE ANHANGÁ

Galdino Jesus dos Santos era um índio de uma tribo chamada Pataxó. Ele estava em um evento sobre seu povo. Ao cair da noite, o índio se perdeu, resolvendo, assim, dormir em um ponto de ônibus na Asa Sul, em Brasília. Após um tempo, quatro jovens passaram por ele, e, pensando ser um mendigo, resolveram lhe atear fogo.

Enquanto tudo isso acontecia, lá no céu estava Jaci, Deusa Lua, que observava tudo, e, aterrorizada, resolveu contar o que via para seu marido, Tupã, Deus do bem.

Quando Jaci acabou de contar tudo, Tupã fez cair um relâmpago perto do local, acordando, assim, o índio. Quando ele viu aqueles jovens, resolveu fugir.

Enquanto isso acontecia, outro deus acompanhava tudo, porém, era um deus do mal, chamava-se Anhangá. Ao ver aqueles jovens fazendo o mal, ele resolveu os chamar para as trevas, pois eram malvados, assim como ele. Porém, eles não aceitaram o seu convite. Com raiva, o deus resolveu transformar os quatro em animais feios, asquerosos e violentos, e cada um foi transformado nesses animais de acordo com a sua maldade.

Os jovens foram transformados em novos elementos da natureza. O primeiro foi transformado em uma sucuri; o segundo, em um tubarão, que, depois foi jogado no mar; o terceiro, em jacaré; e o quarto, em um corvo.

Logo depois, Galdino achou sua pousada e continuou lutando pelos direitos do seu povo, ensinando-o a respeitar os outros, independente de sua classe social, de sua cor e de sua cultura.

No texto anterior, uma narrativa de encantamento, observa-se que o aluno, recuperando a trajetória trágica de Galdino naquele abril de 1997, redesenha a história do indígena, salvando-o da morte. Para tanto, atuam, com função sobrenatural, personagens como Anhangá, Jaci e Tupá – entidades divinas para muitas culturas indígenas. É interessante perceber que até mesmo Anhangá, considerado um deus do mal, move-se em favor de Galdino, atraindo os jovens que pretendiam assassiná-lo no ponto de ônibus. Cumpre-se, assim, de alguma forma, um percurso de valorização do índio pataxó, que sobrevive à opressão, assumindo o papel de um protagonista empoderado, capaz de continuar "lutando pelos direitos do seu povo, ensinando-o a respeitar os outros, independente de sua classe social, de sua cor e de sua cultura".

Após os diversos trabalhos produzidos em sala de aula, como a produção textual apresentada anteriormente, as rodas de leitura/discussão de textos de origem indígena, a exibição de vídeos (documentários, notícias sobre a questão), a dramatização de lendas, realizou-se, como culminância, a 2ª Feira de Valorização das Culturas Indígenas, em 2017. A programação dividiu-se entre falas, apresentações musicais, teatrais e oficinas. O evento foi inaugurado com a abertura de uma exposição de obras de arte inspiradas nas culturas indígenas estudadas nas aulas de Artes Visuais. Em seguida, no auditório da escola, as turmas participaram da exposição e assistiram à apresentação do coral, com músicas em homenagem às culturas indígenas. Após a apresentação, os alunos tiveram a oportunidade de ouvir e dialogar com o professor de História Anajé Baré. Nascido no Pará, o professor foi o primeiro cotista indígena da Universidade do Estado do Rio de Janeiro (UERJ). Em sua fala, Baré contou sobre sua trajetória, destacou a importância da valorização das culturas indígenas na formação da identidade brasileira e apresentou um pouco da cosmovisão de seu povo, os barés, do noroeste amazônico. O professor terminou sua fala ensinando aos estudantes cantos e passos de dança indígenas, com auxílio de companheiros da Aldeia Maracanã.[6]

A esse momento seguiu-se o período destinado às oficinas. Cada aluno inscreveu-se previamente em duas oficinas, com horários distintos. Os temas de cada uma foram estabelecidos a partir dos interesses que as turmas apresentaram ao longo do segundo semestre, quando se discutiram, em perspectivas diferentes, questões ligadas à formação do povo brasileiro. Tais oficinas inverteram a lógica formal do que concebemos como aula. Durante toda a tarde daquele dia, cada ambiente da escola foi ressignificado, tornando-se lugares de transformação da lógica bancária (Freire, 2017b) de ensino e aprendizagem. Os ministrantes de cada oficina foram não só docentes, como também inspetores, responsáveis, entre outros membros da comunidade escolar. Além disso, os estudantes tiveram o direito de escolher as oficinas que mais lhes interessavam, movendo-se, também, pelo desejo. A seguir, um pequeno relato de cada atividade:

1. **OFICINA DE GRAFISMO:** ministrada pelo professor de Geografia e pelo professor Anajé Baré, a oficina teve por objetivo ensinar para os alunos o conceito de grafismo e sua configuração como narrativa, como forma de contar as histórias e, portanto, as visões de mundo dos povos indígenas. Depois de um momento mais conceitual, as turmas receberam de presente de Anajé Baré um grafismo desenhado na pele de cada um/a.

2. **OFICINA DE CONSTRUÇÃO DE INSTRUMENTOS MUSICAIS:** com o objetivo de refletir com os alunos sobre os sentidos da música nas culturas indígenas, as professoras de Música e de Arte ofereceram uma oficina de confecção de instrumentos musicais típicos com material reciclado e outros materiais muito utilizados pelos indígenas, como pedaços de árvore, bambus, cascas de coco, entre outros. Cada aluno saiu da oficina com seu próprio instrumento e um pouco mais enriquecido por uma outra forma de conceber musicalmente o mundo.

3. **OFICINA DE ARTESANATO:** ministrada pela inspetora da escola, mulher de origem indígena e estudiosa da área de educação, além de mãe de uma aluna, a oficina buscou mostrar para os alunos a simbologia da pedra muiraquitã nas culturas indígenas como uma forma de narrar a esperança e outros modos de conceber a vida. Com argila e pedaços de corda, cada estudante fez seu próprio colar com uma muiraquitã de pingente.

4. **OFICINA DE LÍNGUAS INDÍGENAS:** organizada pelas professoras de Espanhol e Inglês, a oficina buscou apresentar um pouco das centenas de línguas indígenas presentes no Brasil por meio de jogos com o léxico, a sintaxe e a oralidade. Além disso, as docentes abordaram o processo de encontro de algumas línguas indígenas com o Espanhol e o Inglês na América.
5. **OFICINA DE LITERATURA E CORPO CRIATIVO:** esta oficina, entre todas as apresentadas, é a que nos interessa mais neste conjunto de propostas do evento, já que se detém ao trabalho com as literaturas indígenas. Organizada pelo professor de Língua Portuguesa e de Literaturas e pela professora de Educação Física, o objetivo da oficina foi fazer os alunos experimentarem no corpo a lenda "O roubo do fogo", narrativa presente no livro *Contos indígenas brasileiros*, de Daniel Munduruku. Na história, narra-se a relação entre o povo guarani e o fogo. Partindo, pois, da notícia do assassinato do índio pataxó Galdino Jesus dos Santos, relacionou-se o modo como o indígena havia sido morto, incendiado por jovens brasilienses de classe média, e a perspectiva sobre o fogo assumida no conto de Daniel Munduruku. As etapas da oficina foram as seguintes:

- **ETAPA 1:** disposição dos estudantes em círculo, no chão da biblioteca da escola, para que todos e todas pudessem se ver e se ouvir, trocando seus saberes de modo linear.
- **ETAPA 2:** exibição e discussão de uma notícia televisiva sobre o assassinato de Galdino, como retomada da discussão já feita em sala de aula no início do trimestre. Problematizou-se, neste momento, a questão de classe envolvida no episódio, o racismo, a função dos povos indígenas em nossa cultura, a maneira como, ainda hoje, tentamos anulá-los de nossa história e silenciá-los em nossa sociedade.
- **ETAPA 3:** execução de músicas indígenas ligadas a rituais de louvor ao fogo. Nesta etapa, a professora de Educação Física explicou um pouco sobre a importância da dança e das músicas para os povos indígenas, ensinando para o grupo alguns passos e movimentos.

- **ETAPA 4:** entrega do texto sobre o assunto e leitura compartilhada da lenda "O roubo do fogo". Cada um leu um trecho da narrativa, conforme sua própria vontade. O professor e a professora, na discussão, buscaram refletir sobre a simbologia do fogo para o povo guarani, sobre os expedientes estéticos criados pelo autor, sobre as escolhas lexicais e sintáticas, sobre a estrutura da narrativa e seus elementos típicos.
- **ETAPA 5:** proposta de escrita criativa: em grupos de mais ou menos cinco integrantes, os estudantes, após toda a discussão realizada, deveriam desenhar o contorno de um corpo humano em papel pardo, ilustrando-o com imagens, desenhos, palavras, frases que expressassem suas visões acerca das culturas indígenas e sobre o assassinato de Galdino Jesus dos Santos. O desenho final seria uma reprodução de uma obra de arte do artista plástico Siron Franco, na qual observa-se o formato do corpo do índio vazado num metal, projetando, ao chão, a sombra de seu contorno, hoje presente no ponto de ônibus onde Galdino teve seu corpo incendiado, em Brasília, em 1997.
- **ETAPA 6:** discussão sobre os desenhos produzidos pelos grupos, de modo a perceber o que havia ficado entendido e sentido, em cada um, em relação à discussão realizada.
- **ETAPA 7:** exposição dos desenhos nos corredores do colégio.

Todo esse processo de oficinas mostra-se interessante porque traz, como subtexto, a ideia de que a literatura é vida e movimento, de que ela se constitui de matéria humana e assim precisa ser experimentada na escola. O diálogo entre a linguagem da palavra e a linguagem do corpo, nesse sentido, é sempre muito significativo em sala de aula, pois permite que o estudante-leitor, em perspectiva dialógica, viva o texto, tornando-se a literatura um espaço estético de (des)aprendizagens, de interrogações, de movências em direção à alteridade e a tudo aquilo que se pode descobrir sobre si mesmo, sobre o outro, sobre o mundo e sobre a vida. Sair do lugar daquele que apenas recebe conteúdo para o território da fabulação, em que é incontornável tornar-se sujeito produtor de sentidos, apresenta-se como uma trilha por demais importante no processo de construção de práticas de letramentos literários na escola. No que se refere especificamente às oficinas, reviver esteticamente, pelo texto, a dor de Galdino e a violência a que os povos indígenas sempre foram submetidos na história do Brasil mostrou-se uma oportunidade muito valiosa para os estudantes que participaram da atividade: além de perceberem a importância do processo dialógico de leitura, também puderam transformar as reflexões feitas e as perguntas provocadas em uma escrita criativa, prolongando a experiência com a literatura para além do plano estético, num processo ético-estético, portanto.

Após o momento das oficinas, as turmas reuniram-se novamente no auditório da escola para assistir a dramatizações (teatrais e cinematográficas) elaboradas pelos alunos a partir de outras narrativas indígenas lidas durante o trimestre nas aulas de Português. A oportunidade do estudo da literatura em diálogo com o corpo, nesse sentido, mostrou-se muito relevante. Para além de todo o aprendizado humano que tal experiência propicia, há, também, nesse processo, o desenvolvimento de competências de leitura: a transposição da narrativa escrita para uma narrativa vivida em ações, no corpo, pressupõe um trabalho de mergulho profundo na estética do texto base, a fim de que seus possíveis sentidos possam se (re)textualizar em falas, figurinos, cenários, luz, trilha sonora. Além disso, especialmente na faixa etária do sexto ano, os estudantes mobilizaram-se bastante para a produção artística, movendo-se pelo desejo, o que é fundamental em qualquer processo de aprendizagem.

Depois das apresentações, todos se dirigiram para a quadra de esportes da escola, onde participaram de um lanche coletivo com comidas indígenas típicas levadas pelos estudantes. Nesse momento, puderam correr, brincar com seus instrumentos musicais e aprender um pouco mais sobre grafismo com o professor Anajé Baré. Seus corpos, quase sempre 'incendiados' por uma perspectiva pedagógica bancária, puderam experimentar, naquele dia, outro modo de habitar a escola, um espaço também seu por direito. Mover-se das carteiras, da audiência ao quadro, da voz do docente e dos livros didáticos e cadernos para uma outra forma de aprender, em rede, em diálogo, mostrou-se muito importante para as turmas, como se pode perceber nas (auto) avaliações que fizeram do evento. Por tudo isso, é fundamental que esse tipo de atividade não se realize apenas em dias especiais, mas que possa (re)compor uma nova estrutura curricular, especialmente para as aulas de literaturas, potencializando vozes autorais tão sempre alijadas do processo de ensino de literaturas na escola. Faz-se imprescindível que, em momento de tantas tensões, como o século XXI, defendamos um ensino de literaturas vivo, que mobilize desejos e que contribua também para a formação de seres humanos e cidadãos mais conscientes acerca da importância da ética em nossas relações.

Raízes Negras: onde mora a senhora liberdade, não tem ferro nem feitor

"Raízes Negras" nasceu também no mesmo espaço escolar por meio de um projeto intitulado *Grupo Teatral Tatipirun: a leitura do mundo, do corpo e do outro como processo ético e estético na escola*, coordenado pelo mesmo professor de Língua Portuguesa e de Literaturas que organiza a Feira de Valorização das Culturas Indígenas. O Grupo Teatral Tatipirun tem como objetivo principal desenvolver, junto com os estudantes dos anos finais do ensino fundamental, seu senso ético e estético, por meio do trabalho com o texto literário e a adaptação teatral. Como objetivos específicos, o grupo busca:

- perceber as múltiplas linguagens como construtoras do que somos;
- estreitar os laços afetivos com a literatura infantil e juvenil;
- alargar competências e habilidades de leitura adequadas à faixa etária;
- experimentar a dramatização como uma perspectiva de leitura literária;
- viver experiências de percepção do próprio corpo;
- aprender a formar o próprio gosto estético;
- desenvolver a capacidade de empatia, construindo valores e atitudes éticas;
- potencializar a autoestima e a autonomia.

É tentando dar conta de todos esses objetivos que o grupo se reúne toda semana no contraturno das aulas regulares. A participação no projeto é livre, tendo os alunos a liberdade de saírem caso não se identifiquem com o processo. Os encontros ocorrem no auditório da escola. A cada semana, desenvolvem-se diferentes jogos teatrais, sempre em diálogo com algum texto literário: poema, conto, crônica, entre outros. Num primeiro momento, realizam-se os jogos e, em outro, discute-se em conjunto algum texto literário que acaba por se transformar em uma pequena dramatização. Depois das apresentações, sentam-se todos em círculo e avaliam o processo e as aprendizagens construídas no dia. Ao final do período de aproximadamente cinco, seis meses, o grupo inicia o processo de formação de um espetáculo a ser apresentado para a escola no encerramento do ano letivo, seguindo estas etapas:

- **ETAPA 1:** escolha, em grupo, de um tema de interesse da maioria e que dialogue com o momento vivido.
- **ETAPA 2:** seleção de textos e obras acerca do tema escolhido.
- **ETAPA 3:** leituras e discussões em grupo.
- **ETAPA 4:** construção coletiva do roteiro.
- **ETAPA 5:** definição de funções a partir dos interesses de cada um.
- **ETAPA 6:** construção de cenários, figurinos, divulgação.
- **ETAPA 7:** ensaios.
- **ETAPA 8:** apresentações.
- **ETAPA 9:** reflexões sobre o processo todo.

Em 2018 e 2019, em virtude dos constantes casos de racismo evidenciados na mídia e nas redes sociais, o grupo optou por tratar da importância das mulheres negras para o país. Houve, nesse período, muitas notícias que mobilizaram os estudantes no sentido da escolha de tal tema, como a execução da vereadora carioca Marielle Franco; os 80 tiros desfechados pelo exército no carro de uma família negra em Guadalupe, subúrbio do Rio de Janeiro, culminando com a morte do músico Evaldo Rosa; o estrangulamento do jovem negro Pedro Gonzaga pelo segurança de um supermercado na Barra da Tijuca, zona oeste do Rio de Janeiro; o assassinato do estudante Marcus Vinícius Silva em operação policial no Complexo da Maré, zona norte do Rio de Janeiro. Mobilizados por essas trágicas e tristes notícias, os alunos escolheram pensar sobre a temática do racismo, especialmente contra as mulheres pretas.

Assim, além de recortes de jornal, alunos e docentes selecionaram, por meio de pesquisas em conjunto, as seguintes obras para discussão: i) *Claraboia*, livro de poemas e contos da escritora Adriana Kairos, do complexo de favelas da Maré, no Rio de Janeiro; ii) *Heroínas negras brasileiras*, livro de cordéis da escritora negra cearense Jarid Arraes, com o resgate da trajetória de vida de mulheres negras que ajudaram a construir a história do Brasil, como Carolina Maria de Jesus, Dandara, entre outras; iii) *A lendas de Dandara*, livro também de autoria da escritora Jarid Arraes, com lendas sobre a guerreira negra Dandara dos Palmares, que lutou pela libertação dos escravizados no país ao lado de seu companheiro, Zumbi dos Palmares; e iv) *Quarto de despejo: diário de uma favelada*, livro de autoria da escritora negra Carolina Maria de Jesus, que morou grande parte de sua vida na favela do Canindé, na zona norte de São Paulo.

Após a leitura e a discussão de textos/trechos dos livros citados, além de outros textos avulsos, criou-se, coletivamente, a estrutura do roteiro do espetáculo: centralizada na figura de Bruna Silva, mãe do já referido estudante Marcus Vinícius, a peça apresentaria outras cinco mulheres negras que auxiliariam Bruna em seu processo de luto e reconstrução da vida. Depois de uma intensa discussão, o grupo decidiu homenagear a atriz Ruth de Souza, a cantora Elza Soares, a judoca Rafaela Silva, a escritora Carolina Maria de Jesus e a vereadora e militante dos direitos humanos Marielle Franco. Cada uma, em momentos diferentes do espetáculo, partilharia sua experiência de vida com Bruna Silva, tornando-se as vozes de todas uma só voz ao final, como para simbolizar a importância de todas as mulheres negras no Brasil. Decidida a estrutura da peça, o grupo maior se dividiu em grupos menores, cada um com a incumbência de pesquisar sobre a vida de cada mulher escolhida para representar e montar um roteiro. Depois disso, um outro grupo costuraria todos os textos, de modo a compor o roteiro final de *Raízes Negras: onde mora a senhora liberdade, não tem ferro nem feitor*, título elaborado por uma aluna, inspirada no samba-enredo de 2018 do Grêmio Recreativo Escola de Samba Paraíso do Tuiuti, "Meu Deus, meu Deus, está extinta a escravidão?", que prestou uma homenagem ao povo negro escravizado no Brasil.

No texto final, além da história de vida de cada mulher negra escolhida, destacaram-se também: a presença de manchetes de notícias sobre os casos que inspiraram o espetáculo; as canções "A carne", de Marcelo Yuka, Ulisses Cappelletti e Seu Jorge; "Axé", de Maíra Baldaia; "Meu Deus, meu Deus, está extinta a escravidão?", samba-enredo de 2018 da Escola de Samba Paraíso do Tuiuti; e "Histórias para ninar gente grande", samba-enredo de 2019 da Escola de Samba Estação Primeira de Mangueira. Privilegiaram-se, por escolha do grupo, canções de autoria negra que buscassem não só denunciar a opressão vivenciada pelo povo negro, mas também destacassem a importância da resistência da população preta. Nesse sentido, o samba da Escola de Samba Mangueira foi incorporado por último, depois do carnaval de 2019, substituindo a canção "O canto das três raças", que encerraria o espetáculo. A troca se deu, conforme o desejo dos estudantes, pelo fato de a letra do samba provocar uma crítica ao privilégio que as histórias não negras ganharam em face das histórias do povo preto. Além disso, o tom do samba correspondia ao desejo de que a peça fizesse um movimento que partisse da denúncia do sofrimento para o empoderamento, a alegria e a reexistência.

No que toca ao cenário, ao figurino e aos adereços, o grupo responsável escolheu, como cenário um fundo amarelo para a projeção de imagens das mulheres homenageadas, com laterais vermelhas em estampas tribais. Quanto ao figurino, cada atriz responsabilizou-se pela criação de seu próprio a partir das pesquisas feitas sobre a vida das mulheres negras escolhidas. Um ponto importante a se destacar, contudo, foi a dificuldade de que as alunas negras ficassem à vontade para desempenhar seus papéis. A ideia inicial era que houvesse um maior número de mulheres homenageadas, mas poucas foram as estudantes negras que se disponibilizaram a participar como atrizes. Muitos podem ter sido os fatores para essa negativa, mas todos, com certeza, se devem, direta ou indiretamente ao racismo estrutural que rege a vida do povo preto, principalmente das mulheres, base da pirâmide quando se trata de opressão e violência. O mais interessante a se notar, nesse sentido, foi o processo de descoberta de duas alunas: a que interpretou Elza Soares e a que interpretou Marielle Franco. A primeira, muito tímida, passou por um processo de tentar disfarçar os cabelos crespos para, ao final, assumir um estilo *black-power* como o de Elza Soares. A segunda, de voz e olhos baixos, impressionou a todos que só a conheciam em sala, apresentando uma Marielle Franco de voz forte, rosto altivo e peito estufado. Por fim, o único adereço do espetáculo foram estandartes carnavalescos com a fotografia de cada mulher homenageada, empunhados ao final da peça, numa espécie de cortejo de carnaval em que as protagonistas eram as mulheres negras aqui já mencionadas.

A apresentação da peça, realizada em abril de 2019, em duas sessões, foi um momento de muita emoção para toda a escola e de grande realização para todos que trabalharam durante meses. Entretanto, o que o Grupo Teatral Tatipirun busca não é o acabamento estético irretocável, mas sim a experiência que é viver, no palco, o texto literário. "O nosso teatro é um teatro de busca. No teatro de busca, nos preocupamos mais com o processo do que com o resultado." (Ligiéro, 2009: 19). Assim, o mais importante do *Raízes Negras* não foi o que se apresentou no auditório da escola, mas sim os abalos, as desestabilizações, as movências, as vertigens e as (des)aprendizagens produzidas em torno da importância das mulheres negras para a história do Brasil e da denúncia do racismo e machismo estruturais que violam seus corpos e as silenciam em suas possibilidades de ser. Nesse sentido, o protagonismo assumido pelas alunas negras do grupo, representando e se percebendo representadas na literatura e no palco, é um movimento de extremo significado num currículo escolar ainda por demais eurocêntrico, que privilegia vozes brancas, masculinas e heterossexuais, em detrimento da riqueza das demais.

Boal, afinando-se à pedagogia do oprimido de Freire, postula que o teatro, "[...] em todas as suas formas, busca sempre a transformação da sociedade [...]. É ação em si mesmo, e é a preparação para ações futuras." (Boal, 2013: 18). Portanto, "Fazer Teatro [...] já é o resultado de uma escolha ética, já significa tomar partido [...]. Tentar transformá-lo em mero entretenimento sem consequências seria desconhecê-lo; transformá-lo em arma de opressão seria traí-lo." (Boal, 2013: 23). É assim que, no diálogo entre a literatura e o teatro, o Grupo Teatral Tatipirun visa a contribuir para o desenvolvimento do senso estético e ético de seus e suas participantes por meio da leitura do corpo, do mundo e do outro. Num momento político de tanto sufocamento, especialmente no que toca à escola pública, apostar no teatro e na literatura como espaços de transformação e reexistência pode ser uma interessante arma de que podemos nos munir.

É importante reforçar aqui que tanto a primeira atividade, com o conto de Daniel Munduruku, quanto a segunda, uma espécie de bricolagem dos textos literários costurados na estrutura de uma peça teatral, constituem-se como atividades de leitura literária. Ambas pressupõem um trabalho mediado com o texto literário em sala de aula, explorando-se sua constituição estética e sua função social. Ao recriar os textos – seja por meio da dança, de imagens ou da própria performance teatral –, os estudantes desenvolvem uma leitura possível do texto lido, que se revela, ao leitor, por meio de outros objetos artísticos, como o desenho do corpo de Galdino, o roteiro teatral, os figurinos, o cenário, a trilha sonora, como vimos acontecer no caso do espetáculo *Raízes Negras*.

Trata-se, pois, do que Rouxel (2013) concebe como leitura subjetiva, isto é, uma leitura que pressupõe a experiência do leitor como sujeito na construção de sentidos do texto literário. De maneira alguma, devemos abrir mão de um trabalho sério e detido com a obra, utilizando-a como mero pretexto para a realização de atividades que relativizem a leitura a fim de torná-la mais palatável aos estudantes. A leitura literária é, também, um trabalho, um processo que exige protocolos específicos. Este é, pois, um aprendizado de cuja responsabilidade a escola não pode fugir, sob a pena de as aulas de literatura não colaborarem para o alcance de seu fim primeiro: a formação de leitores e, portanto, o desenvolvimento dos letramentos literários.

Para fins de ilustração do processo, tomemos como base o conto de Daniel Munduruku, "O roubo do fogo". Intitulado no próprio livro de que faz parte como um *mito guarani*, a narrativa aborda o surgimento do fogo entre o povo guarani: de posse dos urubus, que haviam conseguido roubar pequenas brasas do sol, o fogo despertava o interesse dos seres humanos. Certo dia, o "grande herói Apopocúva *Nhanderequeí*" elabora um estratagema: com auxílio de animais da floresta, ficaria escondido sob o ninho dos urubus, fingindo-se morto; quando as aves tentassem devorar seu corpo, ele se levantaria e roubaria as brasas. E assim se deu: *Nhanderequeí* besuntou seu corpo com cera e quando os urubus lhe atearam fogo, o corpo resistiu, e o herói, com a ajuda de um *cururu*, conseguiu tomar uma brasa, que passou a ser conservada pelos Apopocúva em um pequeno pilão.

Como um mito, isto é, uma narrativa que busca explicar o surgimento de algo, "O roubo do fogo" narra não apenas como o fogo surgiu no mundo e fora preservado pelos indígenas, mas também como teria surgido o pilão, um recipiente de madeira utilizado pelos povos indígenas para macerar ervas, folhas, alimentos. A ideia da atividade com os alunos foi, portanto, fazê-los perceber a função do fogo nas culturas indígenas na perspectiva de um elemento natural que possibilita a vida por meio do cozimento dos alimentos, e não como um elemento capaz de destruir e matar um ser humano, uma cultura, uma visão de mundo, como ocorrera com o índio Galdino Jesus dos Santos. Assim, foram explorados, nessa leitura literária, aspectos de ordem sensorial, sensível e cognitiva, como se observa a seguir:

1. **PRÉ-LEITURA:** antes da leitura do texto em si, como já foi aqui exposto, houve todo um trabalho de sensibilização dos alunos, com exibição da notícia sobre o assassinato de Galdino, a execução de músicas indígenas e a performance de danças típicas. Em seguida, fez-se um trabalho de inquirição com os estudantes, a fim de que pudessem ativar seus conhecimentos acerca dos significados do fogo. É importante destacar aqui, como afirmamos no capítulo anterior, que esse trabalho de pré-leitura não deve direcionar a leitura do estudante para uma determinada perspectiva/chave temática apontada por nós, professores, mas apenas contribuir para a ativação de conhecimentos que possam ser interessantes para que os alunos consigam produzir sentidos no processo de leitura do texto literário.
2. **LEITURA E DISCUSSÃO DO TEXTO:** a leitura do texto, sempre em perspectiva dialógica, buscou integrar os conhecimentos que os estudantes-leitores já apresentavam com os conhecimentos dos docentes e do contexto de produção da história. Segue, adiante, um pequeno resumo do modo como o texto foi mediado, resumo esse que pode servir de parâmetro para o trabalho com outras obras, respeitando-se, evidentemente, suas especificidades.

• **Apresentação da capa do livro, do título da obra e do nome do autor:** na capa, observa-se o título *Contos indígenas brasileiros*, em letras brancas, sobre uma faixa marrom; logo abaixo, sobre o fundo branco, vê-se o nome do autor, Daniel Munduruku, em letras também marrons; na parte inferior da capa, verifica-se a reprodução de um tribal feito de palha, em tons amarelos, vermelhos e marrons; na parte superior, identificam-se três bustos de índios compostos, aparentemente, de pedra-sabão, em tons de cinza e azul – um busto de frente e dois de lado; ao fundo, a reprodução de uma floresta, com uma pequena clareira marrom na parte superior esquerda. Descrevendo a capa em conjunto com os estudantes, chegamos à conclusão de que estávamos diante de um livro que trataria, possivelmente, de narrativas mitológicas, como já vínhamos estudando nas aulas. Tais narrativas buscariam, talvez, dar centralidade à figura dos povos indígenas, como sugerem os bustos no alto da capa, sob a imagem da floresta, como se fossem seus guardiões e também seus heróis, tanto que mereceriam a condição de monumentos. Sobre o autor, alguns estudantes já haviam ouvido falar superficialmente de Daniel Munduruku, cabendo a nós tecer alguns comentários sobre o escritor e sua produção literária.

➲ Conto "O roubo do fogo":

• **Análise das ilustrações:** a narrativa é aberta por uma pequena ilustração do mapa do Brasil, apresentando, em cinza, as regiões do país habitadas (ou já habitadas) pelo povo guarani. Ao lado do mapa, uma espécie de legenda com informações sobre as línguas faladas pela etnia e a quantidade de habitantes. Explorando tal ilustração, os alunos puderam perceber a forte influência do povo guarani na formação da cultura brasileira, tanto em aspectos geográficos quanto em aspectos linguísticos. Após essa primeira ilustração, aparece, em preto e branco, um desenho do próprio autor feito a lápis, com um dorso nu de homem sobreposto à cabeça de um urubu – ambas as imagens envolvidas em chamas. Duas páginas adiante, verifica-se uma outra ilustração, com a parte superior da cabeça de um índio cujo olhar parece interrogar as chamas que carrega entre os dedos. Tais ilustrações, antes da leitura da parte escrita da história, ajudou-nos a inferir sobre possíveis interpretações: o conto teria como personagem um índio, um urubu e sua relação com o fogo. Pertencendo ao gênero mito, o texto provavelmente trataria da origem das chamas para o povo guarani, como sugere a expressão interrogativa do índio, na segunda ilustração.

• **Análise do título:** a partir das reflexões realizadas acerca das ilustrações, buscamos fazê-las interagir com o título, de modo a tentar criar hipóteses sobre possíveis interpretações. Assim, discutimos os significados dos substantivos 'roubo' (tirar de alguém algo que não nos pertence) e 'fogo' (um elemento natural resultante de uma combustão, calor, luz, elemento necessário para o cozimento de alimentos). Relacionando-os às imagens, chegamos a uma possível intepretação primeira: o conto trataria do roubo do fogo por parte ou do urubu, ou do homem – a maioria dos alunos, no entanto, entendeu que o urubu seria o 'ladrão', já que tal elemento natural seria comum entre as culturas indígenas, segundo os conhecimentos de mundo dos estudantes.

• **Análise da narrativa:** como já exposto, na atividade em círculo, cada estudante, segundo sua vontade, leu uma parte do texto. Após a leitura integral, começamos a discussão relacionando-a às inferências iniciais criadas: o texto apresentava, sim, como temática, o surgimento do fogo e, para tanto, mobilizava, como elementos simbólicos, o herói *Nhanderequeí*, os animais da floresta, como o *cururu*, o sapo, e os urubus.

Exploramos, assim, a função do gênero *mito*, dentro das culturas indígenas, como uma narrativa fundadora, que busca explicar o surgimento das coisas do mundo por meio de uma determinada cosmovisão. Em seguida, rememoramos o enredo, discutindo os movimentos da narrativa: a apresentação ("Em tempos antigos os *Guarani* não sabiam acender o fogo"; "o fogo estava no poder dos urubus"), o conflito ("Guerreiro respeitado por todo o povo,

[*Nhanderequeí*] decidiu que iria roubar o fogo dos urubus."), o clímax ("Eles colocaram *Nhanderequeí* sobre o fogo, mas graças a uma resina que ele passara pelo corpo, o fogo não queimava. Num certo momento, o herói se levantou do meio das brasas, dando um grande susto nos urubus que, atônitos, voaram todos.") e o desfecho ("Dizem os velhos desse povo que até os dias de hoje os Apopocúva guardam o piláozinho e aquelas madeiras."). Assim, percebemos a função da história na cosmologia indígena: a de narrar, de fato, o surgimento do fogo e do pilão.

No processo de discussão do texto com os alunos, também foram exploradas as imagens criadas, como a personificação dos animais: urubus, sapo e outras aves, que interagem com o herói de maneira natural, como se humanos, animais fizessem parte de um mesmo todo: a natureza – esse espaço onde, nas culturas indígenas, não há distinção entre os seres. Também destacamos o vocabulário, muito marcado pelas línguas faladas pelos povos guarani: *Nhanderequeí* (herói Apopocúva), *cururu* (sapo), *criciúma, cacho-de-coqueiro, cipó-de-sapo* (tipos de madeira). Refletimos, ainda, sobre a personagem principal, *Nhanderequeí*, construído como um herói representante de um povo forte, capaz de conquistar algo tão importante para a sobrevivência humana, como o fogo, roubado dos urubus por meio de uma estratégia inteligente e refinada. Na mesma medida, sublinhamos, dentre outros aspectos linguísticos, a importância dos operadores discursivos para garantir a progressão da narrativa e das formas adjetivas na construção das personagens e dos demais elementos narrativos ("o grande herói", "grande fogueira do sol", "pequeno *cururu*", "fogueira bonita e vistosa", "corajoso herói").

• **Integração:** após esse processo de mediação de leitura, para o qual as experiências prévias dos estudantes foram fundamentais, realizamos um momento de integração. Cada um pôde dizer o que tinha achado da narrativa, o que mais os teria afetado, que aspectos, passagens mais teriam chamado a atenção e por quê, que ensinamento o mito teria levado a cada um. Após esse intercâmbio, bastante rico, retomamos a discussão inicial, sobre o assassinato de Galdino, e propusemos a atividade de escrita criativa: assim como o herói *Nhandequereí* sobrevivera ao fogo, garantindo que o povo guarani pudesse usar tal elemento natural para cozinhar os alimentos e sustentar a vida, os alunos deveriam desenhar no papel pardo o contorno do corpo de Galdino, assinalando ali o que teria ficado vivo dele em cada estudante a partir de todo o processo de leitura acerca das culturas indígenas, processo esse iniciado ainda nas aulas e reforçado pelas oficinas da feira. As imagens revelaram, pois, uma leitura subjetiva dos estudantes construída a partir de um caminho longo de reflexões e experiências. Nessas imagens, observam-se palavras, colagens, desenhos que valorizam as culturas indígenas, como se, nesse processo, sobrevivesse entre os contornos do papel pardo aquilo que fora morto simbolicamente em Galdino, além do corpo físico.

Acreditamos, portanto, no trabalho com a leitura literária como um processo ético e estético, como um ato político, no sentido de transformador de formas de ler, sentir e estar no mundo. Essa transformação, no entanto, só pode se dar se, em nossas salas de aula de literaturas, trabalharmos protocolos de leitura do texto literário propriamente dito. A fruição do texto não está, pois, desconectada de sua função social. Conforme Candido (2011), é a maneira como o texto está organizado esteticamente que operacionaliza também o modo como passamos a nos enxergar como sujeitos e a conceber o mundo e a vida. Silva (2005: 90), por seu turno, assevera: "fruir o texto literário e crescer pessoalmente ou transformar-se politicamente são partes de um mesmo ato. Ao leitor do texto literário cabe, então, não só compreender, mas também imaginar como a realidade poderia ser diferente; não só compreender, mas transformar e transformar-se". O estético é, pois, um espaço que nos permite uma reelaboração do ponto de vista ético. A leitura é, nessa medida, um processo dinâmico: o leitor se reescreve como sujeito no texto e é também pelo texto transformado: "encontra algo que não esperava e não sabe nunca aonde isso poderá levá-lo" (Petit, 2009: 29).

Outro ponto que também queremos deixar claro, como vimos tentando ao longo de todo o livro, é o de que as duas experiências anteriormente relatadas devem ser consideradas em seu contexto específico de realização: uma escola pública federal na área urbana do Rio de Janeiro, com todos os privilégios que isso implica. Não queremos, como já dissemos, definir caminhos ou apresentar modelos a serem seguidos, até porque tal postura seria incoerente com nossa defesa de uma concepção libertadora de educação. O Brasil é um país não só complexo, mas muito desigual também. Conforme buscamos sinalizar desde o primeiro capítulo, há escolas que nem sequer dispõem de estruturas básicas de funcionamento, como salas de aula devidamente equipadas, banheiros, refeitórios, quadras em condições adequadas, bibliotecas, auditórios. Nossos alunos chegam às escolas públicas – quando conseguem chegar, muitas vezes – com demandas humanas muito anteriores à necessidade da literatura e da arte. Somos um país que ainda passa fome, que ainda tenta sobreviver à opressão e à desigualdade. Assim, o que desejamos que fique desses dois relatos é a essência do que compreendemos como leitura literária e letramentos de reexistência: espaços necessários de reinvenção da vida e do humano, um direito que deve ser de todos.

Se não há tempo para nos reunirmos com nossos pares, em razão da carga horária pesada e dos diferentes empregos de que necessitamos para nos manter, que tentemos fazer o possível dentro de nossas próprias aulas, com atividades simples, como as apresentadas no Bloco 1. Se não há biblioteca na escola e os alunos não podem comprar um livro ou não têm acesso fácil à internet, que tentemos selecionar do livro didático textos possíveis, que reproduzamos textos curtos para cópia do quadro, como poemas ou minicontos, que façamos nossos alunos escreverem seus próprios textos, da maneira como podem e se expressam artisticamente. O importante é termos sensibilidade para saber onde nosso corpo está e onde nossa prática se assenta, para que, aos poucos, com a literatura, possamos ir rompendo padrões, estereótipos, preconceitos, certezas preconcebidas de que os alunos não querem nada com a leitura ou de que nada é possível com a literatura.

No que toca às instituições particulares, aquelas que apresentam condições materiais maiores, tal trabalho é igualmente importante. É nesses espaços que se encontram as classes sociais economicamente privilegiadas e que, muitas vezes, precisam compreender o mundo para além de sua bolha de privilégios. Assim, por mais que saibamos das limitações ideológicas impostas por muitas escolas particulares no Brasil, das cobranças por produtividade e cumprimento de conteúdos, quase sempre com vistas às aprovações nos vestibulares e boas classificações no Exame Nacional de Ensino Médio (Enem), é interessante selecionarmos obras e textos que nos possibilitem colocar em discussão questões sociais que estão na ordem do dia, tentando, obviamente, resguardar-nos de possíveis assédios em tempos de movimentos tão conservadores. Somente o fato, por exemplo, de levar a essas escolas autorias indígenas e negras já é uma forma de romper com perspectivas cristalizadas de conceber estética e socialmente o mundo, ainda que não seja possível discutir de modo mais profundo questões equivocadamente rotuladas como doutrinação ideológica hoje. O importante é que a literatura, também nesses espaços, erga-se como lugar de desestabilizações, de reflexão e de (des)construção.

A ESCOLA, OS LETRAMENTOS E AS REEXISTÊNCIAS NECESSÁRIAS E POSSÍVEIS

Ao cabo deste capítulo, ainda permanece incidental, em nós, a voz da estudante Ana Júlia Ribeiro, que ecoa na epígrafe deste capítulo: De quem é a escola? A quem a escola pertence? Evidente que as reflexões aqui propostas não respondem a essas duas perguntas fundamentais, mas buscam, em seu inacabamento, apontar caminhos possíveis. A escola – esta é nossa defesa – deve ser espaço de vida, com todas as desestabilizações, abalos e fricções que fazem a vida estalar e se mover. Se assim é, entendemos que é importante superarmos uma noção de currículo que se esgota, não raro, em uma lista de conteúdos sem pulsão de viver, que serve quase sempre à manutenção de uma cultura hegemônica, a despeito da complexidade e da riqueza das múltiplas formas de cultura de um país tão plural como o Brasil.

É preciso que a escola faça viver diferentes formas de ser, de estar, de pensar e de lidar com o mundo e a sociedade. O ensino de literaturas e as práticas de letramentos literários não podem, em nossa concepção, fugir a essa empreitada. Não faz sentido, em meio às tensões e às desestabilizações da vida contemporânea, que o estudo da literatura na educação básica permaneça fossilizado em uma perspectiva meramente historiográfica e canônica, sem diálogo com as questões que pulsam na vida dos estudantes. É preciso que lancemos pontes entre a memória cultural que construímos até aqui e a produção literária contemporânea. É preciso que façamos centros e margens se moverem. Acreditamos, numa visão de reexistência dos letramentos literários, ser muito importante que, junto às vozes eleitas pelo cânone, potencializem-se e gritem alto aquelas que nossa estrutura social racista, misógina, branca, masculina e heterossexual sempre sufocou. É na fricção dessas vozes que podemos abalar certezas e dogmas, que podemos provocar perguntas que nos levem a questionar e reinventar este país tão duramente desigual.

Sem compreender, é claro, este capítulo como uma resposta acabada, fazemos nossa aposta, aqui, nos letramentos de reexistência e, portanto, na literatura de reexistência como práticas sócio-histórico-culturais capazes de desenvolver em nossos estudantes seu senso ético-estético acerca das coisas do mundo, ampliando, assim, suas formas de existir. Que o processo dos letramentos literários na escola de hoje não reforce mais a exclusão de que é vítima a maior parte de nossos alunos, especialmente na escola pública. Que eles possam compreender, no espaço da sala de aula, que suas vidas importam; que aprendam, por meio de literaturas, que este país também é seu e que a arte ainda pode ser um território de resistência e reexistência. "Brasil, chegou a vez de ouvir as Marias, Mahins, Marielles, malês", diz o samba da Estação Primeira de Mangueira, retomado no espetáculo *Raízes Negras*. Que tenhamos, como educadores do Brasil de hoje, a coragem e a responsabilidade de cumprir essa travessia, considerando e respeitando, evidentemente, os territórios que habitamos, as diferentes realidades educacionais num país tão complexo como o Brasil e as possibilidades que cada um de nós tem em sua prática cotidiana.

Notas

1. A fala da estudante secundarista Ana Júlia Ribeiro está disponível em: https://www.youtube.com/watch?v=fPGJjO-zdn4&t=14s. Acesso em: 23 mar. 2020.
2. Por *cânone* entendemos não uma lista por si mesma de autores consagrados, mas sim uma engrenagem social, cultural e ideológica que legitima determinadas autorias em detrimento de outras, operando-se, conforme Reis (2013), pelos seguintes fatores de legitimação: as academias literárias, a crítica, os sistemas de ensino e seus instrumentos pedagógicos. Tais fatores atuam no sentido de construir a literatura como uma instituição literária, isto é, como um espaço determinado por margens (revistas, júris, prêmios) que chancelam a experiência literária, permitindo ou não que determinadas obras e autorias circulem entre o público leitor. Assim, observa-se uma arbitrariedade/subjetividade no estabelecimento de quem pode ou não habitar o cânone: o valor estético de uma obra acaba por ser condicionado não a critérios estéticos por si mesmos, mas sim ao lugar que o autor ocupa dentro das relações de poder de uma sociedade.
3. Trataremos deste conceito mais adiante; entretanto, já podemos assinalar que, para Souza (2011), os letramentos de reexistência devem ser vistos como práticas sociais de linguagem que permitem a sujeitos oprimidos reexistir às diferentes formas de opressão por meio do território estético.
4. Para conhecer mais sobre a história dos *slams* escolares em São Paulo e no Brasil, recomendamos a leitura da seguinte obra: ALCALDE, E.; ASSUNÇÃO, C.; CHAPÉU, U. (Orgs.). *Das ruas para as escolas, das escolas para as ruas*: slam interescolar. São Paulo: LiteraRua, 2021.
5. É um coletivo de poesia e performance organizado e disputado apenas por mulheres em diferentes estados brasileiros. Em geral, ocorrem batalhas em que as 'minas' dizem seus poemas em espaços públicos, passando por etapas até se chegar a uma 'mina' vencedora. O coletivo surgiu para garantir a visibilidade das mulheres no que se refere à produção literária, ainda tão atravessada pelo machismo estrutural, que centraliza vozes masculinas, silenciando, colocando à margem, as autorias femininas.
6. Aldeia Maracanã é um espaço de resistência indígena criado no antigo Museu do Índio do Rio de Janeiro, localizado no bairro do Maracanã, próximo ao Estádio Mário Filho. Em 2013, o local foi invadido pela polícia do Estado, a fim de desocupá-lo para modernização do entorno do estádio, que seria palco da Copa do Mundo de 2014 e das Olimpíadas de 2016. Apesar de resistirem, os indígenas foram retirados à força de suas moradias, sendo espalhados por outros bairros da cidade. Em 2017, porém, parte dos moradores voltou a ocupar o local.

Considerações finais

No meio do caminho tinha uma pedra
Tinha uma pedra no meio do caminho
Tinha uma pedra
No meio do caminho tinha uma pedra...

Carlos Drummond de Andrade

Neste livro, procuramos compreender o campo do ensino de literaturas a partir de nossa experiência como pesquisadores e professores da educação básica de escolas públicas municipais, estaduais e federais, sempre em diálogo com teóricos interessados em discutir tal temática. Também buscamos apresentar, de forma sucinta, alguns dos principais conceitos utilizados pela academia e por documentos oficiais orientadores para o trabalho com o texto literário em sala de aula. Por fim, realizamos também, ao longo da obra, (re)formulações de conceitos, assim como apresentamos orientações ou diretrizes que poderiam ser pensadas para embasar e potencializar o ensino de literaturas em escolas de todo o país, resguardadas as diversidades regionais, sociais e culturais existentes.

Para tanto, no primeiro capítulo, discutimos o que o ensino de literaturas na escola pode ser, se atentarmos para uma abordagem pedagógica que supere a ênfase em apenas um dos aspectos do texto e promova a articulação entre os aspectos artístico, histórico-cultural e linguístico. Essa abordagem pedagógica está embasada em uma visão de leitura literária discutida no segundo capítulo, visão essa concebida como *construção* de relações e sentidos, ocorrida na integração de leitores sócio, histórico, cultural e politicamente situados com textos e contextos igualmente demarcados. Tal visão de leitura literária, por sua vez, insere-se em uma concepção, discutida no terceiro capítulo, de práticas de letramentos literários como movimentos contínuos, responsivos e ideológicos de apropriação do texto literário como construção de sentidos sobre os textos, sobre nós mesmos e sobre a sociedade.

É com base em todas essas discussões que desembocamos no quarto capítulo, no qual apresentamos algumas propostas de atividades realizadas que envolveram um amplo (re)pensar da abordagem de textos literários. Tal (re)pensar extrapola o momento de mediação da leitura literária, partindo dele para se estender em algumas das muitas possibilidades de desdobramentos e formas de apropriação da literatura. Acreditamos fortemente nos princípios que guiaram as propostas para práticas de letramentos literários que aqui apresentamos. Por outro lado, sabemos das dificuldades que algumas escolas e redes de ensino ainda podem enfrentar para efetivamente operacionalizar algumas dessas propostas nos moldes sugeridos por nós. Por isso, nessas considerações finais, mais do que ressaltar as possíveis qualidades das orientações e das propostas sugeridas aqui, iremos retomar e expandir brevemente algumas reflexões abordadas ao longo do livro que consideramos importantes para o (re)pensar do ensino de literaturas na educação básica.

Um primeiro ponto importante de ser retomado é a questão legal acerca das atividades docentes. As práticas dos profissionais de educação – independentemente de serem de instituição privada ou pública, de disporem de mais ou menos autonomia em seu planejamento pedagógico – são regidas por um conjunto de parâmetros, diretrizes e leis, documentação sobre a qual, concordando ou não com seu conteúdo, devemos buscar nos manter informados.

No desenvolvimento das reflexões deste livro, foram mencionados alguns dos principais documentos oficiais norteadores das práticas docentes nas etapas finais da educação básica, como: a Lei de Diretrizes e Bases da Educação Nacional, os Parâmetros Curriculares Nacionais, as Orientações Curriculares Nacionais para o Ensino Médio e a Base Nacional Comum Curricular. Além desses mencionados, há ainda as orientações estaduais e municipais, bem como o Projeto Político Pedagógico (PPP) de cada instituição de ensino, entre outros documentos que regulamentam o ensino no país.

Considerações finais

O conhecimento sobre tais documentos, mais do que amparar e justificar nossas práticas, também nos mantém alerta sobre os interesses, contradições e expectativas em torno de nossa categoria profissional, lembrando sempre que nenhuma lei ou indicação conseguirá dar conta de toda a complexidade que compõe as atividades de uma sala de aula. Ainda assim, estarmos atentos ao que está sendo dito e legislado sobre a educação é um importante caminho no desenvolvimento de repertório para nos (re)posicionarmos politicamente e, com isso, nos fortalecermos como categoria profissional e intelectual.

Da mesma maneira que não há lei ou orientação educacional isenta de complementações ou contradições, acreditamos que não há projeto ou (re)planejamento pedagógico que dará conta de atender a diferentes realidades em um país tão plural quanto o Brasil. Ainda que pensássemos na realidade de uma única escola, bem sabemos, como professores, que uma aula que deu muito certo em determinada turma pode não ser tão proveitosa em outra turma, de mesmo nível, da mesma escola. Pensando nesse aspecto, buscamos, no desenvolvimento deste livro, estabelecer um equilíbrio entre as propostas para o encaminhamento de práticas envolvendo textos literários na educação básica.

Essas propostas vão desde aquelas mais comuns e possíveis de serem realizadas em aulas individuais de língua portuguesa e de literaturas até aquelas que incluem a elaboração de um projeto e que podem contar com ambientes mais diversificados, que envolvam toda a escola e outras disciplinas em torno de uma atividade comum. Em todo caso, seja qual for a abordagem, é importante destacar que o encaminhamento de uma sugestão ou pertinência de uma etapa vai depender do que o professor considerar mais adequado ou não para sua realidade. Mais importante do que utilizar, substituir, adaptar ou mesmo ignorar as etapas de determinada proposta, é que o professor se aproprie das discussões em torno de seu campo de atuação e que, com sua autonomia profissional e intelectual, possa ressignificar tais reflexões em seu contexto de ensino.

Uma última consideração é especialmente importante para professores no início de sua trajetória profissional, que, muitas vezes, inseguros, acabam atribuindo a si uma culpa exclusiva e excessiva por algum insucesso de uma aula, como se os acontecimentos por trás de cada uma das vidas das dezenas de alunos de sua turma, ou ainda o contexto macropolítico externo à escola não interferissem, também, no andamento de suas atividades. O desenvolvimento da segurança docente vem com o tempo, mas as incertezas permanecem, o que, aliás, é um bom sinal. Enquanto o professor estiver preocupado com o melhor modo de encaminhar suas aulas, é sinal de que está se importando; quando a sensação for de pura segurança e indiferença aos alunos, talvez seja um indício de que algo precise ser urgentemente revisto.

Pensar nessas incertezas e instabilidades que cercam as práticas pedagógicas e, ao mesmo tempo, ter clareza sobre a importância em buscar mais informações para desenvolver novas reflexões sobre suas práticas foi, provavelmente, o que trouxe você até este livro, motivo similar ao que nos moveu como autores.

A motivação por trás desta escrita foi justamente um entendimento sobre nossa incompletude – ou, nas palavras de Paulo Freire (2017a), *a consciência do inacabamento* –, aliado à compreensão sobre a importância da presença da literatura no cotidiano escolar. Uma compreensão de presença literária não apenas como meio para ensino de determinados saberes sedimentados nos currículos oficiais, mas como oportunidade de explorar as inúmeras possibilidades discursivas da língua, de reconhecer outros modos de vida, de exercer a alteridade e de descobrir a riqueza das múltiplas formas de cultura, contribuindo para que os alunos ampliem seus olhares para além dos limites definidos por uma sociedade, ainda, extremamente desigual.

Por tudo que foi dito, acreditamos que esta última parte do livro representa mais um convite do que uma conclusão. Como disse Freire, "é na inconclusão do ser, que se sabe como tal, que se funda a educação como processo permanente" (2017a: 57). Por isso, esperamos que as ideias aqui desenvolvidas reverberem e possam contribuir para que outros professores também desenvolvam novas reflexões sobre suas práticas, em um permanente processo de questionamentos e descobertas sobre seu fazer.

Para saber mais...

Nesta seção, indicamos algumas obras teórico-metodológicas que consideramos essenciais para a formação do graduando e do professor como professor de leitura literária.

AMORIM, Marcel Alvaro de; GERHARDT, Ana Flávia Lopes Magela (Orgs.). *A BNCC e o ensino de língua e literaturas*. Campinas: Pontes, 2019.
Um dos temas mais comentados nos últimos anos em torno da educação brasileira, a Base Nacional Comum Curricular (BNCC) é discutida neste livro sob diferentes aspectos, apresentando uma rica contextualização histórica e política sobre a concepção e os objetivos do documento em destaque. Dentre os pontos abordados na obra, está a problematização sobre o espaço (ou ausência dele) dedicado ao ensino da língua espanhola, às discussões envolvendo raça e gênero, à Educação de Jovens e Adultos (EJA), e, ponto principal da obra, ao ensino de línguas e literaturas. Recomendamos, aliás, o capítulo 5, que trata especificamente do ensino de literaturas na BNCC, uma vez que ele se relaciona diretamente com o que abordamos no quarto capítulo deste livro.

BAJOUR, Cecília. *Ouvir nas entrelinhas*: o valor da escuta nas práticas de leitura. Trad. Alexandre Morales. São Paulo: Pulo do Gato, 2012.
Como o nome sugere, em *Ouvir nas entrelinhas*, a argentina Cecília Bajour discorre sobre o valor da escuta nas práticas de leitura. Na obra, a autora defende a conversa literária como forma de mediação das práticas em espaços de formação leitora: escolas, salas de leitura, bibliotecas, entre outros. Nesse sentido, salienta a importância da realização de uma mediação leitora dialógica, na qual cada leitor (alunos, professores, mediadores) possa partilhar suas leituras, ouvir e dialogar sobre as leituras dos outros. Para a autora, a conversa literária se compara ao ensaio de uma orquestra, na qual a música das leituras de cada um se junta a outras, formando uma melodia maior e mais potente, com vozes sonantes, dissonantes, ecos e alcances às vezes inesperados. Os capítulos do livro reúnem textos apresentados pela autora em importantes eventos sobre leitura, ocorridos em países da América Latina. Além

da discussão sobre o valor da escuta e da conversa literária como situações de mediação e ensino, a questão dos cânones também é discutida na obra. O livro é curto em seu tamanho, mas extenso quanto às contribuições que traz a professores, pais, incentivadores de leitura, bibliotecários e estudiosos do tema.

COLOMER, Teresa. *A formação do leitor literário*. Trad. Laura Sandroni. São Paulo: Global, 2003.
Baseado em pesquisa extensa de doutorado realizada pela autora em território espanhol, *A formação do leitor literário* é uma obra de destaque na área de ensino de literaturas, especialmente no tocante à literatura infantil e juvenil. O livro foi premiado como melhor livro teórico pela Fundação Nacional do Livro Infantil e Juvenil, braço brasileiro da *International Board on Books for Young People*, e foi traduzido para o português pela escritora e crítica literária Laura Sandroni. Na obra, Colomer analisa um extenso corpus de obras literárias infantis e juvenis, buscando refletir sobre a formação das novas gerações de leitores na Espanha. Dividida em duas partes, *A formação do leitor literário* busca apresentar a evolução dos estudos teóricos sobre a literatura para crianças e jovens, além de construir um quadro da literatura infantil e juvenil atual. Com efeito, o livro oferece ao professor e ao pesquisador debates essenciais para se (re)pensar a formação do leitor literário, especialmente de crianças e jovens.

COSSON, Rildo. *Letramento literário*: teoria e prática. São Paulo: Contexto, 2006.
Neste livro, uma das primeiras obras completamente dedicadas ao letramento literário, Rildo Cosson reflete sobre a abordagem da literatura nas salas de aula da educação básica brasileira. *Letramento literário: teoria e prática* foi escrito tendo como público-alvo professores dos ensinos fundamental e médio e aborda desde a escolarização da literatura e a seleção dos textos literários até as – hoje já bem estabelecidas – sequências didáticas básica e expandida, reconhecidas por Cosson como importantes estratégias para o letramento literário nas salas de aula brasileiras.

COSSON, Rildo. *Círculos de leitura e letramento literário*. São Paulo: Contexto, 2014.
Com o objetivo de expandir e tornar mais concreto o conceito de letramento literário com o qual vinha operando desde *Letramento literário: teoria e prática* (2006), Rildo Cosson, professor e especialista na área de literatura e ensino, discute, neste livro, a ideia de círculos de leitura. Traçando uma cartografia sobre o lugar da literatura na escola e fora dela hoje, Cosson explora o conceito de leitura, de modo geral, para, depois, focar-se no que chama de "modos de ler da leitura literária", isto é, no processo específico pelo qual se desenvolve a leitura de literatura. Na parte final da obra, o autor apresenta sugestões práticas para a construção de círculos de leitura projetados para diferentes esferas da vida cotidiana.

COSSON, Rildo. *Paradigmas do ensino da literatura*. São Paulo: Contexto, 2020.
Em *Paradigmas do ensino da literatura*, Rildo Cosson faz uma consistente síntese sobre as transformações ocorridas no ensino da literatura ao longo da história de nosso país. Partindo da herança jesuítica na educação e chegando aos anos 2020, o autor organiza os vários modos de ensinar literatura em seis paradigmas que, longe de sinalizarem momentos estanques na trajetória da relação entre literatura e escola, representam concepções e práticas delimitadas, mas que se cruzam e se interpenetram ao longo dos tempos. Desse modo, buscando uma linearidade cronológica, a obra de Cosson nos convida a refletir sobre cinco paradigmas – moral-gramatical, histórico-nacional, analítico-textual, social-identitário e formação do leitor –, vislumbrando seus aspectos positivos e pontos fracos, até que chegamos às discussões sobre o último paradigma, o do letramento literário, defendido pelo autor.

Para saber mais...

EVANGELISTA, Aracy Alves Martins; BRANDÃO, Heliana Maria Brina; MACHADO, Maria Zélia Versiani (Orgs.). *A escolarização da leitura literária*: o jogo do livro infantil e juvenil. Belo Horizonte: Autêntica, 2011.

Segundo livro da coleção *Literatura e Educação* – promovida pelo Centro de Alfabetização, Leitura e Escrita (Ceale), da Faculdade de Educação, UFMG –, *A escolarização da leitura literária: o jogo do livro infantil e juvenil* é uma obra organizada por três pesquisadoras e dedicada, entre outras questões, à discussão sobre o processo de escolarização da leitura literária. O livro está organizado em cinco partes, que versam respectivamente sobre: escolarização da leitura literária; relações entre leitura, política e cultura; várias leituras da trilogia de Bartolomeu C. Queirós; leitura psicolinguística das estratégias de leitura; e, por fim, sobre formação de leitores-professores. A leitura da obra mostra-se extremamente relevante a professores e pesquisadores interessados nas relações entre literatura e escola, especialmente àqueles que se dedicam à pesquisa e ao ensino da literatura infantil e juvenil.

FARIA, Maria Alice. *Como usar a literatura infantil na sala de aula*. São Paulo: Contexto, 2004.

Nem sempre recebendo a devida atenção que merece, a literatura infantil é tema principal de uma consistente discussão proposta por Maria Alice Faria envolvendo práticas escolares com alunos mais novos. Muitas vezes, a literatura infantil é entendida como algo menor, apenas com a função estreita de servir de suporte para o processo de alfabetização. Entretanto a autora desse livro busca ampliar essa percepção trazendo reflexões bastante pertinentes sobre o tema, além de subsídios para o trabalho de professores. Destacamos a discussão feita em torno da linguagem multimodal (verbal e não verbal) que os livros infantis trazem, reconhecendo como é possível, por meio de diversas estratégias, explorar todos os recursos disponíveis no livro infantil e incentivar a leitura desde cedo.

HOOKS, bell. *Ensinando a transgredir:* a educação como prática da liberdade. São Paulo: Martins Fontes, 2017.

De autoria da pensadora e professora afro-americana Gloria Jean Watkins, nome original de bell hooks, a obra é composta por quatorze ensaios. Refletindo de modo poético-analítico sobre a educação como uma prática engajada, progressista, os textos mesclam memória, experiência e teoria. Inspirada sobretudo nos postulados de Paulo Freire acerca da educação como uma prática da liberdade, hooks, que fora aluna do educador brasileiro nos EUA, aposta na *práxis* como uma perspectiva transformadora em sala de aula, tecendo contundentes críticas aos modelos bancários de educação nas escolas e universidades americanas, que anulam a importância da experiência em benefício exclusivamente do essencialismo de ideias. Tais reflexões hooks as constrói a partir de uma análise profunda e interseccional sobre raça, gênero e classe, enfatizando seu lugar como mulher negra e oriunda de classe trabalhadora nos EUA.

KOCH, Ingedore Villaça; ELIAS, Vanda Maria. *Ler e compreender*: os sentidos do texto. São Paulo: Contexto, 2015.

Ler e compreender: os sentidos do texto, de Koch e Elias, busca estabelecer pontes entre as teorias do texto e da leitura e as mais diversas práticas de ensino na sala de aula de Língua Portuguesa e de literatura nos ensinos fundamental e médio. Nesse sentido, a obra dialoga, principalmente, com estudos teóricos da linguística, em especial da linguística textual, para não apenas conceptualizar a leitura, mas também para (re)pensar o conceito de texto, contribuindo para a necessária apropriação do texto como foco central nas aulas de língua(gem) na educação básica. Destacamos, em especial, a extensa e didática discussão realizada sobre as diferentes visões de leitura que têm informado as teorias de aprendizado e os estudos da linguagem, com especial destaque para a concepção interacional do processo de ler.

MOLLICA, Maria Cecília. *Fala, letramento e inclusão social*. São Paulo: Contexto, 2014.

Fala, letramento e inclusão social, da professora Maria Cecília Mollica, aborda a questão do letramento, na perspectiva da sociolinguística. A obra, que já está em sua segunda edição, é organizada em duas partes. Na primeira delas, composta por quatro capítulos, a autora aborda importantes aspectos teóricos e terminológicos, o que faz do texto um manual relevante aos estudos sobre a relação entre fala, variação linguística, escrita e inclusão social. Já na segunda parte, a autora traça uma articulação mais direta com a sala de aula, por meio de propostas pedagógicas que, embasadas nos pressupostos teóricos previamente discutidos, são possíveis de serem praticadas em diferentes etapas de escolaridade.

REZENDE, Neide Luzia de; DALVI, Maria Amélia; JOVER-FALEIROS, R. (Orgs.). *Leitura de literatura na escola*. São Paulo: Parábola, 2013.

Nesse livro, organizado por três das mais importantes pesquisadoras contemporâneas dedicadas a refletir sobre a relação literatura/educação, encontramos oito capítulos nos quais seus autores buscam problematizar, dentre outras questões, sobre qual é o papel da literatura em sala de aula. As autoras iniciam o livro comentando que, embora muito esteja sendo discutido nas últimas décadas sobre literatura e educação, ainda há bastante o que se fazer nesse campo, uma vez que, para elas, "a literatura na escola [ainda] resiste às mudanças e se vê relegada a lugar secundário e sem força na formação das crianças, dos adolescentes e dos jovens". O livro é destinado, principalmente, para professores da educação básica, uma vez que, evitando floreios acadêmicos, apresenta em linguagem acessível e objetiva reflexões diretamente vinculadas à rotina pedagógica, bem como propostas didático-metodológicas bastante concretas para o trabalho com literatura na escola.

SOARES, Magda. *Alfabetização*: a questão dos métodos. São Paulo: Contexto, 2016.

Como sugere o título, *Alfabetização: a questão dos métodos* enfoca a discussão sobre os métodos de alfabetização, atualizando o assunto por meio de uma cuidadosa revisão de estudos nacionais e internacionais a respeito do tema. Nessa revisão, parece-nos estabelecida a compreensão de alfabetização e letramento como instâncias relacionadas e interdependentes, mas distintas. Ademais, o livro, como mais um elo na brilhante trajetória de pesquisa de Magda Soares, aprofunda discussões levantadas em obras anteriores e reitera a ideia de alfabetizar letrando, isto é, por meio de experiências relacionadas ao uso social de textos escritos. Desse modo, com sua escrita sempre atenta e próxima às questões da sala de aula, a obra de Soares é leitura essencial para todas as pessoas interessadas em educação e letramentos.

SOARES, M. *Alfaletrar*: toda criança pode aprender a ler e a escrever. São Paulo: Contexto, 2021.

Preocupada com a garantia da aprendizagem da leitura e da escrita e de tudo que isso implica para uma sociedade pautada pela cultura letrada, Magda Soares, grande referência nos estudos sobre alfabetização e letramentos no Brasil, compromete-se, nessa obra, em pensar a importância de ler e escrever como atos imprescindíveis ao sucesso escolar, especialmente nas escolas públicas. Para tanto, Soares apresenta uma fina conceptualização acerca das noções de alfabetização e letramento, refletindo sobre os desafios da entrada da criança na cultura escrita, com o despertar da consciência fonológica e fonêmica, e apontando caminhos metodológicos possíveis para o planejamento dos processos de alfabetizar e letrar na escola.

Para saber mais...

SOUZA, Ana Lúcia Silva. *Letramentos de reexistência*: poesia, grafite, música, dança: *hip-hop*. São Paulo: Parábola, 2011.

Fruto da tese de doutoramento da autora no Instituto de Estudos da Linguagem da Unicamp/SP, no final da década de 2010, o livro ancora-se no conceito de letramento proposto por Kleiman (1995) e investe em uma perspectiva epistemológica que ressignifica o conceito a partir da noção de reexistência. Elegendo como território de pesquisa a periferia de São Paulo e como personagens poetas, grafiteiros, músicos e dançarinos, a professora-pesquisadora mergulha nesse universo, compreendendo a produção artística como uma prática social e discursiva de reexistência, uma vez que, por meio dela, artistas às margens do cânone podem reelaborar sua forma de ver e estar no mundo, sobrevivendo à violência e à opressão já naturalizadas em espaços periféricos. A autora ainda sinaliza a importância do movimento dialógico na construção de pesquisas em ciências humanas, apostando na confluência entre teoria e prática para uma produção epistemológica válida, que valorize não apenas a perspectiva discursiva do pesquisador, mas também as vozes dos demais participantes.

TERRA, Ernani. *Da leitura literária à produção de textos*. São Paulo: Contexto, 2018.

Reconhecido por suas produções envolvendo a gramática da língua portuguesa, Ernani Terra traz, nessa obra, uma importante contribuição para a discussão em torno da leitura literária no espaço escolar. O recorte apresentado pelo autor é o encaminhamento da produção textual a partir da literatura; para isso ele parte da análise dos gêneros crônica, conto, romance e poema, ou seja, alguns dos textos mais recorrentes nas aulas de português e literaturas durante boa parte da educação básica. Além das análises, apontamentos teóricos e indicações de leitura, Ernani Terra também traz sugestões de atividades práticas, contribuindo ainda mais na formação não só de jovens professores como de todo docente que deseja ampliar seus saberes teórico-metodológicos na área da didática da literatura.

ZILBERMAN, Regina; RÖSING, Tânia M. K. (Orgs.). *Escola e leitura*: velha crise, novas alternativas. São Paulo: Global, 2009.

Essa obra, organizada por Regina Zilberman e Tânia Rösing, duas das mais conhecidas pesquisadoras da área de literatura e ensino, reúne textos de autores que buscam compreender e superar os problemas relacionados à leitura e à literatura que as escolas enfrentam na atualidade. Os dez capítulos apresentados discutem temas como a leitura da literatura na escola, o letramento literário, leitura de imagens, a literatura no ensino médio, a biblioteca escolar, dentre outros, construindo um quadro amplo sobre a relação entre a escola e as práticas de leitura. Merecem especial destaque os capítulos "Leitura e dialogismo", escrito por José Luiz Fiorin, por apresentar uma visão de leitura contemporânea baseada nos pressupostos teóricos construídos pelo Círculo de Bakhtin, e "Letramento literário: para viver a literatura", de Graça Paulino e Rildo Cosson, que sistematiza um conceito de letramento literário, propondo também orientações para a efetivação desse letramento na prática escolar.

Indicações de legislação e documentos oficiais

Indicamos a seguir uma síntese das principais leis educacionais que embasam o que foi discutido neste livro.

Constituição Federal (1988)
A atual versão de nossa Constituição foi promulgada em 1988 e, desde então, tem passado por inúmeras atualizações. A parte relacionada especificamente à Educação está na seção I do capítulo III e vai do artigo 205 até o artigo 214. Logo no primeiro artigo dessa seção, encontramos uma síntese do papel da educação como direito social e dever do Estado. Lê-se no artigo 205: "A educação, direito de todos e dever do Estado e da família, será promovida e incentivada com a colaboração da sociedade, visando ao pleno desenvolvimento da pessoa, seu preparo para o exercício da cidadania e sua qualificação para o trabalho". No artigo seguinte, há os princípios que devem nortear o ensino. Dentre eles, destacamos os três primeiros: I - igualdade de condições para o acesso e permanência na escola; II - liberdade de aprender, ensinar, pesquisar e divulgar o pensamento, a arte e o saber; III - pluralismo de ideias e de concepções pedagógicas, e coexistência de instituições públicas e privadas de ensino.
Fonte: http://www.planalto.gov.br/ccivil_03/constituicao/constituicao.htm

Lei de Diretrizes e Bases da Educação Nacional (1996)
A Lei de Diretrizes e Bases da Educação Nacional (LDB) é a principal legislação educacional brasileira. Foi promulgada por meio da Lei nº 9.394, de 20 de dezembro de 1996, e é responsável por regulamentar a estrutura do sistema de ensino nacional. No artigo 3, encontramos os 13 princípios da educação que ratificam e ampliam os princípios já mencionados na Constituição. Com relação aos temas discutidos principalmente no capítulo "Reexistências e propostas para práticas de letramentos literários na escola hoje" deste livro, destacamos o parágrafo segundo do artigo 26-A, que diz: "Os conteúdos referentes à história e cultura afro-brasileira e dos povos indígenas brasileiros serão ministrados no âmbito de todo o currículo escolar, em especial nas áreas de educação artística e de literatura e história brasileiras." A redação do artigo 26-A é fruto da promulgação da Lei nº 11.645, de 10 de março de 2008, que "inclui no currículo oficial da rede de ensino a obrigatoriedade da temática "História e Cultura Afro-Brasileira e Indígena". Essa Lei, por sua vez, é a ampliação da Lei nº 10.639, de 9 de janeiro de 2003, que incluía no currículo oficial da educação básica a obrigatoriedade do ensino de História e Cultura Africana e Afro-Brasileira.
Fonte: http://www.planalto.gov.br/ccivil_03/leis/l9394.htm

Parâmetros Curriculares Nacionais (1998)
Os Parâmetros Curriculares Nacionais (PCN) representaram um conjunto de diretrizes organizadas por etapa da escolaridade e por áreas do conhecimento com o intuito de apresentar uma orientação sobre como os professores deveriam conduzir suas práticas pedagógicas. Em 1997, foram publicados os PCN de 1ª a 4ª série (atual 1º a 5º ano); em 1998, os PCN de 5ª a 8ª série (atual 6º a 9º ano); e, por último, em 1999, os PCN de ensino médio. Embora tenham tido uma considerável importância para a educação brasileira, os Parâmetros não tinham força de lei e, portanto, serviam apenas como orientações para a composição dos currículos/programas escolares. O fato, portanto, de serem facultativos reduziu o alcance de suas propostas.
Fonte: http://portal.mec.gov.br

Para saber mais...

Orientações Curriculares para o Ensino Médio (2006)
Pouco tempo após a publicação dos Parâmetros Curriculares Nacionais para o Ensino Médio (PCNEM), críticas começaram a ser feitas sobre a maneira como o documento desenvolveu suas discussões em torno de encaminhamentos pedagógicos. Dentre essas críticas, muitas se direcionavam à maneira superficial e pouco clara com a qual o ensino de literaturas foi apresentado. Tamanha foi a repercussão dessas críticas que se fez necessária, então, a publicação, em 2002, dos PCN+, que se propuseram a resolver os problemas apontados na versão anterior do documento. Ainda assim, inconsistências teóricas permaneceram, e a abordagem sobre o ensino de literaturas continuou problemática. Em 2006, uma nova tentativa é feita com a publicação das Orientações Curriculares Nacionais para o Ensino Médio (OCEM). O grande destaque desse documento é o de que, pela primeira vez, há uma parte inteira dedicada ao ensino de literaturas. Com coerente embasamento teórico, a seção intitulada "Conhecimentos de Literatura" aborda o lugar da literatura no ensino médio, a formação do leitor, a leitura literária e possibilidades de mediação.
Fonte: http://portal.mec.gov.br/seb/arquivos/pdf/book_volume_01_internet.pdf

Diretrizes Curriculares Nacionais (2013)
Com objetivo similar aos PCN e às OCEM, ou seja, orientar o planejamento curricular das escolas, as Diretrizes Curriculares Nacionais (DCN) têm como grande diferencial o seu caráter de lei, o que torna seu cumprimento obrigatório. Esse documento traz, além das diretrizes gerais para a educação básica, as diretrizes específicas para cada etapa, educação infantil, ensino fundamental e ensino médio, e para as demais modalidades de ensino: educação de jovens e adultos, educação profissional, educação especial, educação do campo, educação indígena, educação quilombola e educação a distância.
Fonte: http://portal.mec.gov.br/docman/abril.../15548-d-c-n-educacao-basica-nova-pdf

Base Nacional Comum Curricular (2017-2018)
Prevista desde a Constituição de 1988, a Base Nacional Comum Curricular (BNCC) só foi aprovada no fim de 2017, não contemplando, inicialmente, o ensino médio. No ano seguinte, em 2018, é publicada a versão integral contendo todas as etapas da educação básica. Como consta das primeiras linhas de sua Introdução, a BNCC "é um documento de caráter normativo que define o conjunto orgânico e progressivo de aprendizagens essenciais que todos os alunos devem desenvolver ao longo das etapas e modalidades da Educação Básica, de modo a que tenham assegurados seus direitos de aprendizagem e desenvolvimento". A Base representa, portanto, o primeiro documento com orientações detalhadas sobre quais conteúdos, competências e habilidades devem ser trabalhados na educação básica. Dentre as principais críticas ao documento está sua extensão, que impossibilitaria, em muitos contextos escolares, a flexibilidade pedagógica ou mesmo a abordagem da parte diversificada do currículo. Cabe destacar que a BNCC não foi proposta como substituta das DCN, mas como documento complementar, uma vez que as Diretrizes seriam responsáveis por estruturar o sistema de ensino e a Base por apresentar de modo detalhado as competências específicas de cada disciplina, bem como as respectivas habilidades exigidas. Essa constituição da Base em competências/habilidades, aliás, é outro ponto bastante criticado, além das questões políticas que determinaram a constituição do documento.
Fonte: http://basenacionalcomum.mec.gov.br/

Bibliografia

ABREU, C. F. *A vida gritando nos cantos*: crônicas inéditas em livro (1986-1996). Rio de Janeiro: Nova Fronteira, 2012.
AGUIAR, V. T. "O saldo da leitura". In: DALVI, M. A.; REZENDE, N. L. de.; JOUVER-FALEIROS, R. (Orgs.). *Leitura de literatura na escola*. São Paulo: Parábola, 2013.
ALVES, J. C. Educação literária: você já ouviu falar? *O Estado de S. Paulo*, set, 2016. Disponível em: https://cultura.estadao.com.br/blogs/estante-deletrinhas/educacao-literaria-voce-ja-ouviu-falar/. Acesso em: 10 jan. 2020.
AMORIM, M. A. de. "Literatura, adaptação e ensino: uma proposta de leitura". In: AMORIM, M. A. de; GERHARDT, A. F. L. M.; CARVALHO, A. M. (Orgs.). *Linguística aplicada e ensino*: língua e literatura. Campinas: Pontes, 2013.
_____; SILVA, T. C. "O ensino de literaturas na BNCC: discursos e (re)existências possíveis". In: AMORIM, M. A. de; GERHARDT, A. F. L. M. (Orgs.). *A BNCC e o ensino de línguas e literaturas*. Campinas: Pontes, 2019.
ANDRADE, C. D. *Poesia completa*. Rio de Janeiro: Nova Aguilar, 2002.
_____. *Uma pedra no meio do caminho*: biografia de um poema. São Paulo: Instituto Moreira Salles, 2010.
_____. *Antologia poética*. São Paulo: Companhia das Letras, 2012.
ANTUNES, I. *Análise de textos*: fundamentos e práticas. São Paulo: Parábola, 2010.
APPLE, M. W. "A política do conhecimento oficial: faz sentido a ideia de um currículo nacional?". In: MOREIRA, A. F.; TADEU, T. (Orgs.). *Currículo, cultura e sociedade*. São Paulo: Cortez, 2011.
BAKHTIN, M. *Estética da criação verbal*. Intr. e trad. Paulo Bezerra. São Paulo: Martins Fontes, 2011.
_____. *Gêneros do discurso*. Org., trad., posfácio e notas Paulo Bezerra. São Paulo: Editora 34, 2016.
BALTHASAR, M; GOULART, S. *Singular & Plural*: leitura, produção e estudos de linguagem. São Paulo: Moderna, 2018.
BARTHES, R. *O prazer do texto*. Trad. J. Guinsburg. São Paulo: Perspectiva, 2010.
BILAC, O. *Poesias*. São Paulo: Martins Fontes, 2001.
BITTENCOURT, T. da F. P. A língua literária e o ensino de português. *Confluência*: Revista do Instituto de Língua Portuguesa do Liceu Literário Português. Rio de Janeiro: Lucerna, n. 33 e 34. pp. 187- 201, 2008.
BOAL, A. *Teatro do oprimido e outras poéticas políticas*. São Paulo: Cosac Naify, 2013.
BORTONI-RICARDO, S. M. *Educação em língua materna*: a sociolinguística na sala de aula. São Paulo: Parábola, 2004.
BOURDIEU, P. *As regras da arte*: gênese e estrutura do campo literário. Lisboa: Presença, 1996.
BRASIL. Lei de Diretrizes e Bases da Educação Nacional. Lei n. 9.394/1996.
_____. Ministério da Educação. *Parâmetros Curriculares Nacionais*: terceiro e quarto ciclos do ensino fundamental – língua portuguesa. Brasília: Secretaria de Educação Fundamental, 1998.

_____. Ministério da Educação. *Parâmetros Curriculares Nacionais*: Ensino Médio. Brasília: MEC, 2000.

_____. Ministério da Educação. *PCN+ Ensino Médio*: Orientações Educacionais Complementares aos Parâmetros Curriculares Nacionais. Linguagens, códigos e suas tecnologias. Brasília: MEC, 2002.

_____. Ministério da Educação. *Orientações Curriculares para o Ensino Médio*: linguagens, códigos e suas tecnologias. Brasília: Ministério da Educação, 2006.

_____. Ministério da Educação. *Base Nacional Comum Curricular*. Brasília: MEC, 2018.

CADERMATORI, L. *O professor e a literatura*: para pequenos, médios e grandes. Belo Horizonte: Autêntica, 2012.

CANDIDO, A. "O direito à literatura". In: CANDIDO, A. *Vários escritos*. Rio de Janeiro: Ouro sobre Azul, 2011.

CEREJA, W. R. *Ensino de literatura*: uma proposta dialógica para o trabalho com literatura. São Paulo: Atual, 2013.

_____; VIANNA, C.; DAMIEN, C. *Português contemporâneo*: diálogo, reflexão e uso. São Paulo: Saraiva, 2016, v. 1.

COPE, B.; KALANTZIS, M. (Eds.). *Multiliteracies*: Literacy Learning and the Design of Social Futures. Londres: Routledge, 2000.

_____; _____. Multiliteracies: New Literacies, New Learning, Pedagogies. *An International Journal*, v. 4, n. 3, pp. 164-195, 2009.

COSSON, R. *Letramento literário*: teoria e prática. São Paulo: Contexto, 2006.

_____. Letramento Literário: uma localização necessária. *Letras & Letras*, v. 31, n. 3, pp. 173-187, 29 jun. 2015.

_____; PAULINO, G. "Letramento literário: para viver a literatura dentro e fora da escola". In: ZILBERMAN, R.; ROSLING, T. (Orgs.). *Escola e leitura*: velhas crises, novas alternativas. São Paulo: Global, 2009.

DALVI, M. A. et al. (Org.). Literatura na escola: propostas didático-metodológicas. In: DALVI, M. A.; REZENDE, N. L. de; JOVER-FALEIROS, R. (Orgs.). *Leitura de literatura na escola*. São Paulo: Parábola, 2013.

EAGLETON, T. *Ideologia*. São Paulo: Editora da Unesp/Boitempo, 1997.

FABRÍCIO, B. F. "Linguística aplicada como espaço de 'desaprendizagem'". In: MOITA LOPES, L. P. da. (Org.) *Por uma linguística aplicada INdisciplinar*. São Paulo: Parábola, 2007.

FARACO, C. A. *Linguagem e diálogo*: as ideias linguísticas do círculo de Bakhtin. São Paulo: Parábola, 2009.

FREIRE, P. Da leitura do mundo à leitura da palavra. *Leitura: teoria e prática*, Porto Alegre, v. 1, n. 0, nov. 1982.

_____. *A importância do ato de ler*: em três artigos que se completam. São Paulo: Cortez, 2011.

_____. *Pedagogia da autonomia*: saberes necessários à prática educativa. São Paulo: Paz e Terra, 2017a.

_____. *Pedagogia do oprimido*. Rio de Janeiro/São Paulo: Paz e Terra, 2017b.

_____. *Educação como prática da liberdade*. Rio de Janeiro/São Paulo: Paz e Terra, 2018.

GEE, J. P. *Literacy and Education*. Nova York/Londres: Routledge, 2015.

GERHARDT, A. F. L. M.; BOTELHO, P. F.; AMANTES, A. M. Metacognição, objetivos de leitura e atividades didáticas de língua portuguesa. *Rev. bras. linguist. apl.*, v. 15, n. 1, pp. 180-208, 2015.

_____; VARGAS, D. A pesquisa em cognição e as atividades escolares de leitura. *Trab. Ling. Aplic.*, Campinas, v. 49, n. 1, pp.145-166, jan./jun. 2010.

GRIJÓ, A. A.; PAULINO, G. Letramento literário: mediações configuradas pelos livros didáticos. *Revista da Faced*, n. 9, pp. 103-105, 2005.

hooks, b. *Ensinando a transgredir*: a educação como prática da liberdade. Trad. de Marcelo Brandão Cipolla. São Paulo: WMF Martins Fontes, 2017.

JAUSS, H. R. O prazer estético e as experiências fundamentais da poiésis, aisthesis e katharsis. *A literatura e o leitor*: textos de estética da recepção. 2. ed. Rio de Janeiro: Paz e Terra, 2002.

JOUVE, V. *Por que estudar literatura?* São Paulo: Parábola, 2012.

KATO, M. *No mundo da escrita*: uma perspectiva psicolinguística. São Paulo: Ática, 1986.

KLEIMAN, A. B. (Org.). *Os significados do letramento*: uma nova perspectiva sobre a prática social da escrita. Campinas: Mercado de Letras, 1995.

_____. "Ação e mudança na sala de aula: uma nova pesquisa sobre letramento e interação". In: ROJO, R. (Org.). *Alfabetização e letramento*: perspectivas linguísticas. Campinas: Mercado de Letras, 1998.

_____. *Texto e leitor*: aspectos cognitivos da leitura. Campinas: Pontes, 2013.

Bibliografia

KROSKRITY. "Language Ideologies". In: DURANTI, A. (Org.). *A Companion to Linguistic Anthropology*. Oxford: Blackwell, 2004.

LAJOLO, M. *Literatura*: leitores & leitura. São Paulo: Moderna, 2001.

LANKSHEAR, C.; KNOBEL, M.; CURRAN, C. Conceptualizing and Researching "New Literacies". In: CHAPELLE, C. A. (Ed.). *The Encyclopedia of Applied Linguistics*. New Jersey: Blackwell Publishing Ltd., 2013.

LDB – Leis de Diretrizes e Bases. Lei nº 9.394. 1996. Disponível em: http://www.planalto.gov.br/ccivil_03/leis/l9394.htm. Acesso em: 20 mar. 2020.

LEAHY-DIOS, C. *Educação literária como metáfora social*: desvios e rumos. São Paulo: Martins Fontes, 2004.

LEMAIRE, R. "Tradições que se refazem". In: DALCASTAGNÈ, R.; EBLE, L. J. E. (Orgs). *Literatura e exclusão*. Porto Alegre: Zouk, 2017.

LIGIÉRO, Z. "Do teatro e educação aos estudos de performance: a procura de uma arte e de uma pedagogia da libertação". In: LIGIÉRO, Z.; PEREIRA, V. H.; TELLES, N. (Orgs.). *Teatro e dança como experiência comunitária*. Rio de Janeiro: EdUERJ, 2009.

MOITA LOPES, L. P. *O português do século XXI*: cenário geopolítico e sociolinguístico. São Paulo: Parábola, 2013.

_____ (Org.). *Por uma Linguística Aplicada Indisciplinar*. São Paulo: Parábola, 2006.

MOSER, B. *Clarice, uma biografia*. São Paulo: Companhia das Letras, 2017.

MUNDURUKU, D. *Contos indígenas brasileiros*. São Paulo: Global, 2005.

_____. "Índio é invenção total, folclore puro". *Portal Geledés*, 27 dez. 2014. Disponível em: https://www.geledes.org.br/daniel-munduruku-indio-e-invencao-total-folclore-puro/. Acesso em: 17 jul. 2018.

NASCIMENTO, D. V. K. Livro didático e leitura literária nos anos finais do ensino fundamental. *Rev. bras. linguist. apl.*, v. 19, n. 1, pp. 119-145, 2019.

NEVES, C. A. B. Slams – letramentos literários de reexistência ao/no mundo contemporâneo. *Revista Linha D'Água*. São Paulo, v. 30, n. 2, pp. 92-112, 2017.

_____. "Letramentos literários em travessias na Linguística Aplicada: ensino transgressor e aprendizagem subjetiva da literatura". In: LIMA, E. (Org.) *Linguística aplicada na Unicamp*: travessias e perspectivas. Bauru: Canal 6, 2021.

PETIT, M. *Os jovens e a leitura*: uma nova perspectiva. Trad. Celina Olga de Souza. São Paulo: Editora 34, 2009.

POUND, E. *Abc da literatura*. São Paulo: Cultrix, 2003.

RAJAGOPALAN, K. *Por uma linguística crítica*: linguagem, identidade e questão ética. São Paulo: Parábola, 2003.

RAMOS, P. da S. O Jornal do Commercio e as representações sobre a Argentina na crise do Brasil Império (1870- 1889). *Faces da História*, v. 2, n. 1, pp. 113-158, 20 ago. 2017.

REIS, C. *O conhecimento da literatura*: introdução aos estudos literários. Porto Alegre: EDIPUCRS, 2013.

REZENDE, N. "O ensino de literatura e a leitura literária". In: DALVI, N.; REZENDE, N.; JOVER-FALEIROS, R. (Orgs.). *Leitura de literatura na escola*. São Paulo: Parábola, 2013.

ROJO, R. "Pedagogia dos multiletramentos: diversidade cultural e de linguagens na escola". In:_____; ALMEIDA, E. de M. (Orgs.). *Multiletramentos na escola*. São Paulo: Parábola, 2012.

_____. "Gêneros discursivos do círculo de Bakhtin e multiletramentos". In: ROJO, R. (Org.). *Escol@ conectada*: os multiletramentos e as TICs. São Paulo: Parábola, 2013.

ROUXEL, A. "Aspectos metodológicos do ensino de literatura". In: DALVI, N.; REZENDE, N.; JOVER-FALEIROS, R. (Orgs.). *Leitura de literatura na escola*. São Paulo: Parábola, 2013.

SCHEFFEL, M. Cenas de formação de professores de língua e literatura no Curso de Letras da Universidade Federal do Rio de Janeiro. *Polifonia*, Cuiabá-MT, v. 24, n. 36, pp. 41-53, jul.-dez. 2017.

SCHMIDT, R. T. "Centro e margens: notas sobre a historiografia literária". In: DALCASTAGNÈ, R.; EBLE, L. J. E. (Orgs). Literatura e exclusão. Porto Alegre: Zouk, 2017.

SEEDUC. Secretaria Estadual de Educação do Rio de Janeiro. *Currículo mínimo*: língua portuguesa/literatura. Rio de Janeiro: SEEDUC-RJ, 2012.

SILVA, Ezequiel Teodoro da. *Elementos de pedagogia da leitura*. São Paulo: Martins Fontes, 2005.

SOARES, M. *Linguagem e escola*: uma perspectiva social. São Paulo: Contexto, 2017.

_____. Novas práticas de leitura e escrita: letramento na cibercultura. *Revista Educação e Sociedade*. Campinas, v. 23, n. 81, pp. 143- 160, dez. 2002.

_____. "Leitura e democracia cultural." In: PAIVA, A.; MARTINS, A. A.; PAULINO, G.; VERSIANI, Z. (Orgs.). *Democratizando a leitura*: pesquisa e práticas. Belo Horizonte: Autêntica, 2008.

SOARES, M. "A escolarização da literatura infantil e juvenil". In. EVANGELISTA, A; BRANDÃO, H; MACHADO, M; (Orgs.) *A escolarização da leitura literária*: o jogo do livro infantil e juvenil. Belo Horizonte: Ceale; Autêntica, 2011.

_____. *Letramento, um tema em três gêneros*. Belo Horizonte: Autêntica, 2012.

SOUZA, A. L. S. *Letramentos de reexistência*: poesia, grafite, música, dança: hip-hop. São Paulo: Parábola, 2011.

SOUZA, J. *A elite do atraso*: da escravidão à lava-jato. Rio de Janeiro: Leya, 2017.

STREET, B. *Literacy in Theory and Practice*. Nova York: Cambridge University Press, 1984.

_____. *What's "new" in new literacy studies?*: critical approaches to literacy in theory and practice. 2003. Disponível em: <http://www.people.iup.edu/gnvp/D-K/articles/from%20Atsushi/Street%20%282003%29.pdf> Acesso em: 13 ago. 2019.

_____. Autonomous and Ideological Models of Literacy: Approaches from New Literacy Studies. *Media Anthropology Network*. 17–24 jan. 2006.

_____. *Letramentos sociais*: abordagens críticas do letramento no desenvolvimento, na etnografia e na educação. Trad. Marcos Bagno. São Paulo: Parábola, 2014.

SZUNDY, P. T. C.; NASCIMENTO, L. M. Leitores-navegantes de textos e hipertextos da literatura. *Gragoatá*. (UFF), v. 21, pp. 354-379, 2016.

TFOUNI, L. V. *Adultos não alfabetizados*: avesso do avesso. Campinas: Pontes, 1988.

THE NEW LONDON GROUP. A Pedagogy of Multiliteracies: Designing Social Futures. *Harvard Educational Review*, v. 66, n. 1, pp. 60-93, 1996.

VARGAS, D. A leitura integrativa e o ensino de leitura em livros didáticos de espanhol para os anos finais do ensino fundamental. *Calidoscópio* v. 16, n. 1, pp. 48-65, jan./abr. 2018.

VAZ, S. *Flores na alvenaria*. São Paulo: Global, 2016.

VEIGA-NETO, A. *Foucault e a educação*. Belo Horizonte: Autêntica, 2016.

VERGUEIRO, W.; RAMOS, P. Os quadrinhos (oficialmente) na escola: dos PCN ao PNBE. In: VERGUEIRO, W.; RAMOS, P. (Orgs.). *Quadrinhos da educação*: da rejeição à prática. São Paulo: Contexto, 2009.

Os autores

Marcel Alvaro de Amorim é mestre e doutor em Linguística Aplicada pela Universidade Federal do Rio de Janeiro. Durante o doutorado, foi pesquisador visitante no Programa Modernity and Cultural Transfer da Aarhus Universitet, Dinamarca. Também realizou pesquisa de pós-doutoramento em Estudos Brasileiros no Brazil Institute do Kings College London, Inglaterra. É professor adjunto de Didática e Prática de Ensino de Português/Literaturas da Faculdade de Educação e docente permanente do Programa Interdisciplinar de Pós-Graduação em Linguística Aplicada da Faculdade de Letras da Universidade Federal do Rio de Janeiro. É líder do Grupo de Pesquisas Práticas de Letramento na Ensinagem de Línguas e Literaturas (PLELL). Tem se dedicado a pesquisas sobre literatura e escola, leitura literária, práticas de letramentos literários e estudos da adaptação.

Diego Domingues é graduado em Letras e especialista em Educação de Jovens e Adultos pela Universidade Federal do Rio de Janeiro, especialista em Língua Portuguesa pela Universidade Federal Fluminense, mestre em Educação pela Universidade do Estado do Rio de Janeiro e doutor em Linguística Aplicada também pela Universidade Federal do Rio de Janeiro. Foi professor de Língua Portuguesa na rede municipal de Duque de Caxias/RJ. Atualmente, é professor do Departamento de Português e Literaturas de Língua Portuguesa do Colégio Pedro II, no Rio de Janeiro, e integrante do grupo Práticas de Letramentos na Ensinagem de Línguas e Literaturas (PLELL). Tem se dedicado a pesquisas na área de educação de jovens adultos, investigando práticas de letramento envolvendo leitura literária e materiais didáticos para essa modalidade educacional.

Débora Ventura Klayn é mestra em Letras e doutora em Linguística Aplicada pela Universidade Federal do Rio de Janeiro. Atuou como professora substituta de Didática e Prática de Ensino de Português e Literaturas na Faculdade de Educação da UFRJ. Lecionou em turmas de ensino fundamental e médio na Secretaria de Estado de Educação do Rio de Janeiro (SEEDUC/RJ). Atualmente, é professora efetiva da Secretaria Municipal de Educação de Duque de Caxias e da Secretaria Municipal de Educação de Mesquita. É pesquisadora do grupo de pesquisas Práticas de Letramento na Ensinagem de Línguas e Literaturas (PLELL). Tem se dedicado a pesquisas na área de materiais de ensino de literaturas, tendo publicado artigos sobre leitura literária e livros didáticos nas etapas do ensino fundamental e médio da educação básica.

Tiago Cavalcante da Silva é mestre e doutor em Linguística Aplicada pela Universidade Federal do Rio de Janeiro, tendo realizado pós-doutorado em Linguística Aplicada também pela mesma universidade. Atuou como professor da educação básica de escolas públicas e privadas e como professor substituto de Prática de Ensino de Português e Literaturas da Universidade Federal do Rio de Janeiro e de Língua Portuguesa da Universidade do Estado do Rio de Janeiro. Atualmente, é professor do Departamento de Português e Literaturas de Língua Portuguesa do Colégio Pedro II, no Rio de Janeiro. Nessa instituição, lidera o Núcleo de Leitura Literária e Artes Cênicas (NULLAC/CP2) e integra o Núcleo de Pesquisa em Práticas Pedagógicas Interdisciplinares (NUPPPI). Também participa do Grupo de Pesquisa Práticas de Letramentos na Ensinagem de Línguas e Literaturas (PLELL/ IFRJ/UFRJ). Interessa-se por pesquisas que envolvam discurso, periferias, educação popular, leitura literária, performance e ensino de língua materna, literatura e produção textual na educação básica.

GRÁFICA PAYM
Tel. [11] 4392-3344
paym@graficapaym.com.br